300 Jahre Kaffeezubereitung
Kunst & Technik

EDWARD & JOAN
BRAMAH

300 Jahre
Kaffeezubereitung
Kunst & Technik

BLANCKENSTEIN

Deutschsprachige Auflage

Übersetzung Georg Auerbach

ISBN 3 - 926678-11-9

ISBN-3-926678-12-7

INHALTSVERZEICHNIS

Vorwort	5
Die Kaffeebohne erobert die Welt	9
Kaffeezubereitung im Orient	21
Die ersten Filterkannen	26
Die Keramikkanne	40
Die Biggin	48
Kaffeespender	52
Die französische Seihkanne	59
Die ersten Perkolatoren	70
Dampfdruck-Perkolatoren	74
Der Glasballon	80
Kaffeemaschinen mit einem Pumpmechanismus	88
Die Napier - Kanne	92
Kipp - oder Parallelsiphons	100
Kaffee-Lokomotiven	104
Der Hydrostatische Perkolator	110
Die Kaffeezubereitung in den Vereinigten Staaten	114
Fin-de-Siècle-Kaffeemaschinen	121
Kaffeemaschinen im Groβformat	128
Elektrische Kaffeemaschinen	133
Die Italienische Espresso-Machine	138
Kommerzielle Filtergeräte	151
Kaffeezubereitung ohne Technik	155
Moderne Kaffeemaschinen	159

DANKSAGUNG

Zu Dank verpflichtet sind die Autoren folgenden Institutionen und Personen: The Royal Society, London; The Science Museum, London; The Imperial College of Technology, London; The Worshipful Company of Goldsmiths, London; The Institution of Civil Engineers, London; The Institution of Mechanical Engineers, London; The Royal Institution of Great Britain, London; Lloydys of London; The National Army Museum, London; The Museum of English Rural Life, University of Reading; The Industrial Museum, Ironbridge; Sheffield City Museum; The House of Fraser Collection, University of Glasgow Archives; The American Museum in Britain, Bath; Hampshire County Museum Service, Winchester; National Museum of Wales, Cardiff; The Rumford Society, Harvard, U.S.A.; Provincial Museum of Alberta, Canada; Jacob Suchard Museum, Zürich; The Strong Museum, New York, U.S.A.; The International Coffee Organization, London; Kenya Coffee Board, London; Ministry of Coffee and Tea Development, Ethiopia; Coffilta Coffee Services Ltd., Southampton; Autobar Food Services Group, London; The Italian Catering Centre Ltd., Bicester, Oxfordshire; Fairfax Engineering Ltd., London; Folger Coffee Company, Missouri, U.S.A.; John Conti Company, Louisville, Kentucky, U.S.A.; Riant Koffiebranderij & Theepakkerij, B.V., Holland; SAS Ltd., Belgium; Melitta-Werke Bentz & Sohn, Germany; Braunschweig & Co., Basle; G. Bezzera Coffee Machine Co., Milan; La Pavoni, Milan; Faema, Milan; Rancilio, Milan; A. Fumagalli, Milan. Major A.P.F. Napier, der Informationen über die Napier-Kanne zur Verfügung stellte, Peter Field von den Colour Processing Laboratories, Southampton, der über hundert Photographien machte, und noch all den anderen, ohne deren Unterstützung und Ermutigung das Buch nicht geschrieben worden wäre.

Edward und Joan Bramah

VORWORT

Ich war schon seit Jahren im Kaffeehandel tätig, als mir so richtig bewußt wurde, daß ich mittlerweile zu einem passionierten Sammler von Kaffeemaschinen geworden war.

Meine Karriere im Kaffeehandel begann 1954 auf den vorgelagerten Hängen des Kilimandscharo, gut 1000 Kilometer vom Ursprungsort des Kaffeestrauchs entfernt. Nachdem ich sämtliche Aspekte des englischen Kaffeehandels kennengelernt hatte, verkaufte ich schließlich selbst Kaffee und entwickelte sogar eine eigene Kaffeemaschine. Nebenbei brachte ich noch Tee unter meine Landsleute. Das ist ein Getränk, dessen Zubereitung den Engländern von jeher geläufig ist. Da es nun aber nicht so leicht ist, guten Kaffee ebenso haushälterisch zuzubereiten, hat man in vielen Ländern diese Aufgabe einem Gerät überlassen.

Bis vor kurzem waren in England gemahlener Kaffee und Kaffeemaschinen dem Großteil der Bevölkerung etwas Unbekanntes. Daß in England die Nachfrage nach Kaffee dermaßen gestiegen ist, läßt sich auf die unentwegte Publicitykampagne des Kaffeehandels und die Heranbildung eines Kundenpotentials in den Nachkriegsjahren zurückführen. Eine der Lektionen, die wir im Kaffeehandel lernen mußten, war, daß sich ein echter Brite nicht von der vertrauten Teekanne weglocken läßt, um sich den unbekannten Mysterien des Kaffeegenusses zu widmen, solange man ihm nicht zugleich eine simple Zubereitungsmethode mitliefert.

Obwohl sich unter meinen Vorfahren viele Ingenieure befanden, habe ich keine technische Ausbildung. Ich begann damit, daß ich mir Kaffeemaschinen besorgte, moderne und alte, und sie eingehend studierte. Schließlich besaß ich eine beeindruckende Sammlung. Wie meine Vorgänger strebte ich danach, ein Gerät zu entwickeln, das die Fährnisse der Kaffeezubereitung minderte, aber dennoch dem mit soviel Könnerschaft produzierten Kaffee gerecht wurde. Nach einigen Jahren war aus meinen Sammelsurium eine Kollektion geworden, und die Geheimnisse der Kaffeezubereitung hatten ganz und gar von mir Besitz ergriffen.

Auch wenn die Massenmedien noch so viel Informationen anbieten, unser Wissen schwindet schnell. Vieles von dem, was man heute über die Geschichte des Kaffees und seiner Vermarktung weiß, wurde vor etlichen Jahren von William Ukers, einem Amerikaner, zusammengetragen. Er veröffentlichte 1922 ein umfangreiches Werk mit dem Titel *All About Coffee.* Es ist längst vergriffen. Aber als junger Mensch hatte ich das Glück, noch ein Exemplar zu ergattern. Das Werk ist unabdingbar für jeden, der sich publizistisch mit dem Thema Kaffee beschäftigt. Es ist eine umfassende, wenn auch stellenweise chaotische Ansammlung von Fakten und Zahlen, Daten und Namen, die aus vielen, mittlerweile größtenteils versiegten Quellen stammen. Aber ohne dieses Buch wäre die Geschichte des Kaffeehandels, mag er auch jüngeren Datums sein, ebenso geheimnisvoll wie die Kultur der Etrusker.

Kaffeemaschinen interessierten Ukers nur am Rande. Aber da er ein unermüdlicher Forscher war, enthält sein Buch viele wissenswerte Details über die ersten Kaffeemaschinen. Es waren keine kunsthistorisch bedeutsamen Geräte. Die technisch fortgeschrittensten wären jetzt an die 150 Jahre alt. Wenn sie nicht aus Silber oder Porzellan angefertigt waren, blieben sie nur aus Zufall erhalten. Manche Stücke sind durch viele Hände gegangen. Wem sie einst gehört hatten, ist zumeist unbekannt. Doch glücklicherweise hatten ihre Erfinder danach gestrebt, eine gewisse Eigenheit oder gar die Form patentieren zu lassen. Ukers und seine Mitarbeiter müssen viele Stunden in den Patentämtern Europas und der Vereinigten Staaten verbracht haben, wo sie die einschlägigen Patentlisten sichteten, um die Wirkungsweise der wichtigsten Modelle kennenzulernen. Ukers Recherchen waren dermaßen vertrauenswürdig, daß spätere Autoren seine gelegentlichen Fehlinterpretationen oder sprachlichen

Miβverständnisse in ihren Büchern bis auf den heutigen Tag beibehalten haben. Als ich mich mit demselben Gebiet beschäftigte, konnte ich manche seiner Fehleinschätzungen richtigstellen. Seine aufgeführten Namen und Zeitangaben verschafften mir die benötigten Anhaltspunkte. An dieser Stelle möchte ich mich für die Unterstützung bedanken, die mir in all den Jahren von Beck Greener vom Patentanwaltsbüro in der Chancery Lane und insbesondere von Peter Smart zuteil wurde. Mit Geduld und Humor hat Peter Smart all meine Fragen ertragen, die nicht unbedingt zum Aufgabengebiet eines Patentanwalts gehören.

Patente sind nicht nur eine aufschluβreiche Informationsquelle. Sie geben auch Einsicht in die Bestrebungen, ja sogar in die Persönlichkeit eines Erfinders oder einer Erfinderin. Nur wenigen Menschen ist bewuβt, daβ ein Patentamt eine wahre Schatzkammer ist. Jeder kann es aufsuchen und einen der nach Jahrgängen und Ländern geordneten Bände vom Regal nehmen, in denen die patentierten Genieblitze und Erfindungen im Verlauf dreier Jahrhunderte registriert sind.
Aufgeführt sind nicht nur irgendwelche neuartigen Zahnräder, Sperrvorrichtungen oder eben Kaffeekannen, sondern auch all die bahnbrechenden Maschinen und Webstühle der Watts, Edisons, Jacquards oder Marconis, die in Englisch, Französisch, Deutsch und Italienisch ausführlich erläutern, was ihre Erfindungen leisten sollen.

Patente sind faszinierende Dokumente. Selbst die gesetzlichen Bestimmungen sind interessant. Alle in England um 1840 registrierten Patente hatten nur in England Gültigkeit (einschlieβlich der an der Landesgrenze gelegenen Stadt Berwick-upon-Tweed), in Wales und in allen Kolonien Ihrer Majestät Königin Viktoria, aber nicht in Schottland. Französische Patente aus derselben Periode enthalten die gesetzlichen Bestimmungen gemäβ dem Revolutionären Kalendere wie auch der üblichen Zeitrechnung. Die Erfinder, nicht selten findige Handwerker, werden als Monsieur bzw. als Madame bezeichnet. Mme Vassieux, die um 1840 mit ihrer eleganten gläsernen Cafetière in Lyon Aufsehen erregte, wird *la dame Massot femme Vassieux* tituliert. Ihre amüsante Zeitgenossin, Rosa Galy-Cazalat, die der höchst erfinderischen Sippe der Galy-Cazalat entstammte, wird bis 1843 als *Demoiselle* aufgeführt. Nach ihrer Heirat ist sie *la dame Martres.* Italienische Erfinder gelten auf in den Vereinigten Staaten ausgestellten Patenturkunden als *Untertanen des Königs von Italien.* Wer um ein Patent nachsucht, kann in einem Begleitschreiben aufführen, weswegen ihm seine Erfindung zusagt. Viele Antragsteller ereifern sich dabei und zeigen die Besorgtheit von Eltern, die ihre einzige Tochter in die Gesellschaft einführen möchten. Die Kaffeemaschinenerfinder schrieben veritable Abhandlungen über die Kunst der Kaffeezubereitung. Einige listeten detailliert die Nachteile der Geräte von Konkurrenten auf, ohne dabei Namen zu nennen.
Nicht wenige Erfinder wollten alle paar Jahre eine Neuentwicklung patentieren lassen. Gegen Ende des 19. Jahrhunderts mehren sich die "Erfindungen", die auf den Ideen anderer beruhen.

Als ich meine ersten Recherchen begann, meinte ich, daβ die Zahl neuer Kaffeemaschinen in der zweiten Hälfte des 19. Jahrhunderts stetig zunehmen würde. Doch dem war zu meinem Erstaunen nicht so. Von 1835 bis 1850 stieg die Zahl der Patentanträge in ganz Europa jäh an. Danach schien das Interesse abgeflaut zu sein. Das Goldene Zeitalter der Kaffeemaschine beschränkte sich — wie der legendäre Wilde Westen in den Vereinigten Staaten — auf nur wenige Jahre. Der Grund dafür ist, daβ es bis zum Aufkommen elektrischer Geräte nach dieser neuerungssüchtigen Periode für einen Erfinder kaum etwas zu verbessern gab.

Hundertfünfzig Jahre sind eine lange Zeit für ein ziemlich sperriges Gerät, das kaum jemand pietätvoll in einer Vitrine oder in einer Dachkammer aufgehoben hat. Doch die Kaffeemaschinen aus der Mitte des 19. Jahrhunderts sind durchaus ansehnliche Erzeugnisse der damaligen Handwerkskunst. Mittlerweile gelten sie auch als begehrte Sammelobjekte. Aber unter all den mannigfachen Antiquitäten sind Kaffeemaschinen, mögen sie noch so hübsch sein, Parias, was unsere Kenntnis über sie angeht. Landläufiger Einschätzung nach

1 - *Madame de Pompadour in einem ihrer Privatgemächer. Sie raucht türkischen Tabak und lässt sich auf türkische Art zubereiteten Kaffee servieren. Stich nach einem Gemälde von C. van Loo.*

sind sie noch immer kaum etwas anderes als diverse Küchengerätschaften, aber keine Kunstgegenstände, während sich Kaffeekannen längst den Kunstmarkt erschlossen haben. In all den kunsthistorischen Nachschlagewerken sucht man vergebens nach einer silberplattierten Kaffeemaschine von Napier, einem Schwenker aus der Louis-Philippe-Zeit mit vergoldetem Fuß und handgemaltem Porzellangefäß oder einer Kaffeemaschine in Form einer Lokomotive, die seinerzeit ein prestige-trächtiges Spielzeug wohlhabender Kreise gewesen sein muß.

2

2 - Die legendäre Entdeckung der anregenden Wirkung der Kaffeebohnen durch Kaldis Ziege.

Doch inzwischen räumen Museen wie etwa das Jacob-Suchard-Museum in Zürich kostbaren Stücken einen Platz in ihren Sammlungen ein. Viele mögen sich noch in Privatbesitz befinden. Als man sich für alte Kaffeemühlen zu interessieren begann, tauchten sie allenthalben auf. In geringerem Ausmaß — es gibt ja nur noch wenige — wird es mit den Kaffeemaschinen ähnlich sein.

Anders verhält es sich mit den größeren, für Lokale entwickelten Kaffeemaschinen. Sie wurden ausrangiert, als bessere Geräte auf den Markt kamen. Mittlerweile haben sie einen nostalgischen Reiz, weil sie einen längst entschwundenen Einrichtungsstil repräsentieren. Aber man findet sie als Sammler nur noch selten. Deswegen ist es begrüßenswert, daß die großen, sich zunehmend ihrer kulturhistorisch bedeutsamen Geschichte bewußt werdenden Kaffeefirmen so viele wie möglich der Vergessenheit entreißen möchten. Allenthalben fahndet man nach den mit Messing und Kupfer ummantelten Espresso-Maschinen, die es vor wenigen Jahrzehnten noch überall gab. Leichter lassen sich die ersten elektrischen Perkolatoren aus den Anfangsjahren unseres Jahrhunderts auftreiben. Inzwischen gibt es schon recht umfangreiche Sammlungen.

Dem Leser wird auffallen, daß das Buch viele Zeichnungen der patentierten Geräte enthält. Sie erläutern die Funktionsweise der diversen Neuentwicklungen, die zudem noch durch Photographien anschaulich gemacht werden. Was all die Geräte zusätzlich reizvoll macht, ist, daß sie bis heute funktionieren. Wer sich für Dampfmaschinen oder mechanisches Spielzeug begeistern kann, wird viele vergnügliche Stunden mit einem viktorianischen Kaffeezubereiter, ein paar Packungen Kaffee und einer Kopie der Patentbeschreibung verbringen. Außerdem erkennt man so am besten, ob das Gerät noch komplett ist. Andere Zeichungen zeigen Kaffeezubereiter, die längst verschollen sind. Aber so genau weiß man es nicht. Eins der Ziele meines Buches ist es, sie der Vergessenheit zu entreißen.

Ich bin mir selbstverständlich klar darüber, daß es in ganz Europa noch viele faszinierende Kaffeemaschinen gibt, die mir nicht zugänglich waren. Über sie muß es auch ausführliche Informationen in Sprachen geben, die ich leider nicht beherrsche. Manches Material habe ich aus Platzgründen aussparen müssen. Aber zumeist lag es schlichtweg daran, daß mir die nötigen Kenntnisse fehlten. Dafür kann ich nur die gleiche Entschuldigung anführen wie einst Disraeli, als er eine Frage Königin Viktorias nicht beantworten konnte: “Sehen Sie mir meine Unwissenheit bitte nach, Madame!”

Edward Bramah

DIE KAFFEEBOHNE EROBERT DIE WELT

1

1 - Eine moderne Kaffeeplantage in Guatemala. Ein frostfreies Klima und vulkanischer Boden sind für Kaffeepflanzungen ideal. Mit freundlicher Genehmigung des London Coffee Information Centre.

Die Pflanze mit dem botanischen Namen Coffea arabica ist ein baumartiger Strauch mit einer Höhe von maximal fünf Metern und kirschenähnlichen Früchten, die im Reifezustand zwei grüne Bohnen, eben Kaffeebohnen enthalten. Ursprünglich wuchsen die Kaffeesträucher wild im tropischen Hochland Ostafrikas. Mensch und Tier fanden heraus, daß die Früchte ungiftig und eßbar waren. Die Nomadenstämme bereiteten aus ihnen einen Brei, den sie mit Tierfett vermengten.

Um 600 n. Chr. gelangte der Kaffee von Äthiopien übers Rote Meer in den Jemen, wo sich um seinen Genuß die ersten Legenden zu bilden begannen. Überliefert ist etwa die Geschichte vom Ziegenhirten Kaldi, dem auffiel, daß seine Ziegen, wenn sie Kaffeebohnen gefressen hatten, agiler wurden. Er stellte fest, daß sich die gleiche Wirkung auch bei ihm einstellte. Das berichtete er den Mönchen im nahegelegenen Kloster, die sich fortan mit Kaffee während der langen Betstunden wachhielten. Die Kaffeebohnen galten von da an als ein anregendes Genußmittel, auch wenn man die Wirkungsweise nicht kannte.

In der klassischen Periode der arabischen Medizin im 9. Jahrhundert bereiteten Ärzte und Alchimisten auf der Suche nach nützlichen Medikamenten aus allen möglichen Blättern, Wurzeln und Beeren pulverisierte oder in Wasser aufgelöste Heilmittel. Sie fanden heraus, daß Kaffeebohnen einen gesundheitlich harmlosen, leicht stimulierenden Absud lieferten. Auch Heilkräfte schrieb man ihnen zu. Im Verlauf der Jahrhunderte verbreitete sich der Kaffeegenuß und wurde in Aden, Medina, Mekka, ja sogar in Persien populär. In der moslemischen Welt, wo alkoholische Getränke verpönt waren, schätzte man den

Kaffee als ein beliebtes Stimulans, das die Meditation und die Einhaltung der strikten religiösen Riten erleichterte. Einwände kamen nur von den Strenggläubigen, die meinten, daß die von Mohammed verfügte Ächtung des Weins auch für andere Anregungsmittel galt. Doch um 1500 war der Kaffeegenuß schon so weit verbreitet, daß man ihn nicht mehr verbieten konnte. Im Jemen gab es bereits ausgedehnte Kaffeeplantagen, die die Grundlage eines einträglichen Handels bildeten.

Als im 16. Jahrhundert das Osmanische Reich den Balkan und die Nordküste Afrikas unter seinen politischen und kulturellen Einfluß brachte, führte es auch allenthalben das türkische Kaffeehaus ein. Der Kaffee hatte 1517 von Kairo aus Konstantinopel erreicht. Von dort gelangte er in kurzer Zeit nach Aleppo und Damaskus, wo alsbald Kaffeehäuser mit Namen wie das *Café zu den Rosen* oder das *Café zur Erlösungspforte* eine weithin ausstrahlende Berühmtheit erlangten. In Konstantinopel waren sie verschwenderisch mit Teppichen geschmückt und bildeten den Treffpunkt der reichen Müßiggänger, der Gebildeten und der Wißbegierigen. Es gab aber auch minder luxuriöse Kaffeehäuser für die ärmeren Schichten.
Bald lamentierte man, daß die Kaffeehäuser regen Zulauf hätten, während die Moscheen fast menschenleer seien. Die Klagen der Glaubenshüter fanden schließlich das Gehör des Großwesirs, der argwöhnte, daß sich solche Lokale zu Brutstätten des Aufruhrs entwickeln könnten. Aber die Etablissements waren inzwischen zu beliebt, als daß man sie noch durch ein Dekret hätte schließen lassen können.

2

2 - Ein blühender Kaffeestrauch. Mit freundlicher Genehmigung des London Coffee Information Centre.

3

3 - Kaffeekirschen. Mit freundlicher Genehmigung des London Coffee Information Centre.

Der augenfällige Wohlstand im Reich Solimans des Prächtigen wurde von den europäischen Anrainerstaaten am Mittelmeer mißtrauisch registriert. Botschafter, Kaufleute, wagemutige Forscher und Abenteurer lernten durch die türkische Gastfreundschaft das bislang unbekannte Getränk kennen.
Fortan taucht das Wort Kaffee — in mannigfacher Schreibweise — im Schrifttum jener Zeit auf. Als der Kaffee noch typisch für die orientalische Lebensart war, ließ er sich nur schwer in Europa einbürgern. In einigen Ländern war es ebenso gefahrvoll, ein moslemisches Getränk zu genießen wie der falschen Richtung des christlichen Glaubens anzuhängen. Das letztere wurde zumeist mit dem Tod geahndet.

Die großen Handelsmetropolen wie Venedig und Genua machten ihren Landsleuten das türkische Kaffeehaus schmackhaft, das freilich etwas abgewandelt wurde. Der Kaffee mußte sich im christlichen Abendland erst gegen landestypische Getränke wie Wein oder Bier durchsetzen. Als das hie und da geschah, kam es zu feindseligen Reaktionen. Einige Kleriker in Rom wollten ihn als Machwerk der Ungläubigen verbieten lassen, aber Papst Clemens VIII. probierte das neue Getränk, fand Gefallen daran und gab ihm seinen Segen. Nach diesem Verdikt durfte sich auch das Volk an dem morgenländischen Gebräu laben.

Französische Orientreisende brachten den Kaffee nach Frankreich. Um 1650 hatte sich die mondäne Gesellschaft von Paris mit diesem neuen Genußmittel bereits vertraut gemacht.
Um 1660 tranken ihn schon die Kaufleute von Marseille, die mit

den Türken Handel trieben. Bald darauf wurde er in den Apotheken feilgeboten. Nach einiger Zeit führte man die Kaffeebohnen sackweise aus Ägypten ein. Das Kaffeetrinken wurde unter den Kaufleuten von Lyon Mode, wie auch in den übrigen großen Handelsstädten in Südfrankreich. Man versuchte sogar, allerdings erfolglos, unweit von Dijon Kaffeeplantagen anzulegen. Um die wachsende Nachfrage zu stillen, legten in Marseille immer mehr Schiffe mit Kaffee aus der Levante an.

Als Mohammed IV. 1669 einen Botschafter an den Hof Ludwigs XIV. entsandte, brachte dieser einen reichhaltigen Vorrat an Kaffee für sich und sein Gefolge mit. Das erregte natürlich großes Interesse. Als er ein knappes Jahr danach heimkehrte, war das Kaffeetrinken vielen zur Gewohnheit geworden. Ein Armenier namens Pascal, der angeblich im Dienst des türkischen Botschafters gestanden war, machte 1672 mit seinem Kaffeeausschank in Form eines türkischen Kiosks auf dem Jahrmarkt von St. Germain bereits ein gutes Geschäft.
Als der Jahrmarkt zu Ende war, schickte er eine Schar flinker Jungen ins Quartier Latin, wo sie mit lauten "Café! Café!"-Rufen das neumodische Getränk unter die Leute brachten. Der Kaffee befand sich in großen Kannen, die entweder von brennenden Kerzen oder Holzkohlenglut in tragbaren Becken warm gehalten wurden.

Ein Mann von Welt bereitete damals seinen Kaffee nicht selbst zu, das besorgte sein Diener. Vom 17. Jahrhundert an richteten nicht wenige vermögende Herren ihren aus der Levante stammenden Dienern ein Kaffeehaus ein. Das Exotische, fremde Länder, fremde Kulturen, lockte. Die Londoner Kaffeehäuser waren bald wichtige Treffpunkte von Schriftstellern und Geschäftsleuten. Bedeutende Institutionen wie Lloyds oder die Londoner Börse entwickelten sich aus solchen kaffeeduftenden Refugien. Der Cafetier Edward Lloyd versorgte seine Kunden mit kommerziell verwertbaren Daten auslaufender Schiffe und zog so eine bestimmte Klientel an. Daraus entstand die Versicherungsvermittlungsfirma, die es heute noch gibt. Auch wenn sie mittlerweile in einem hypermodernen Gebäude residiert, wird die einstige Kaffeehaustradition hochgehalten. Transaktionen erledigt man bei Lloyds in einer Art Halle, die *the Room* genannt wird, während die Büroboten noch als *Kellner* tituliert werden.

4

In den ersten englischen Kaffehäusern wurde kein Alkohol ausgeschenkt, was ihre Zugkraft ein wenig minderte.
Anderseits bekam man in den Wirtshäusern und Pubs bis vor kurzem höchst selten einen Kaffee. Die Cafés im übrigen Europa waren da anders. Auch

5

4 - Kaffeepflücker in Brasilien. Stich von Rugendas (Ende 18. Jhdt.).

5 - "Kaffeegeniesser". Stich von L. Boilly, 1827.

ihr Ambiente war attraktiver. Die ersten Kaffeehäuser in Paris waren im türkischen Stil eingerichtet und zogen zumeist Studenten und durchreisende Ausländer an. Aber bald darauf entstanden geräumigere, elegantere Cafés, die von Lebemännern und Intellektuellen aufgesucht wurden. Die Salons der guten Pariser Gesellschaft verloren etwas von ihrem Glanz.

Ludwig XIV. war ein passionierter Kaffeetrinker. Und was dem König zusagte, wurde von seiner Umgebung kopiert. Ludwigs XIV. beitrag zum Siegeszug des Kaffees beschränkte sich nicht auf wohlwollende Duldung. 1714 ließ er aus dem Botanischen Garten von Amsterdam einen Kaffeestrauch kommen, der von einer holländischen Plantage in Ostindien stammte.
Der alte König besuchte noch in seinem letzten Regierungs-jahr den Jardin des Plantes und überprüfte des Gedeihen der exotischen Pflanze in ihrem Glashaus. Ihre Samen sollten dermaleinst in die französischen Kolonien geschickt werden. Doch der erste Versuch, auf Martinique eine Kaffeeplantage anzulegen, schlug fehl. Erst fünf Jahre nach dem Tod des Königs gelang es einem französischen Infanterieoffizier, einen gesunden Sämling über den Atlantik zu transportieren.
Von ihm stammen die meisten Kaffesträucher in Mittel- und Südamerika ab.

Nach Mitteleuropa gelangte der Kaffee auf eine andere Weise. Während Westeuropa ihn mit Schiffen geradewegs aus dem Orient bezog, brachten ihn die Türken selbst nach Wien.
1683 wurde Wien von den Heerscharen Mohammed IV. belagert. Die Lage war so verzweifelt, daß man einen beherzten Soldaten durch die türkischen Linien zum König von

Polen schicken wollte. Dieser sollte den Belagerungsring sprengen. Aber durchkommen konnte nur jemand, der der türkischen Sprache mächtig war. Der Mann, der schwimmend die Donau überquerte und die Bitte um Entsatz erfolgreich übermittelte, war Franz Georg Kolschitsky. Die Belagerung wurde aufgehoben. Die fliehenden Türken hinterließen 25.000 Zelte, 10.000 Ochsen, 5.000 Kamele, 100.000 Scheffel Getreide, eine Menge Gold und viele, viele Säcke mit Kaffee. Das Gold, die Ochsen, auch die Kamele blieben nicht lange herrenlos. Kolschitsky überließ man all den Kaffee, da er als einziger wußte, was man damit anfangen konnte. Schließlich hatte er einst etliche Jahre unter den Türken gelebt. Er eröffnete denn auch ein Café, das er "Zur blanen Flasche" nannte. Anfangs verschmähten die Wiener den auf türkische Art zubereiteten Kaffee.
Ihnen behagte der Kaffeesatz am Boden der Tasse nicht. Erst als Kolschitzky den Kaffee durchseihte, Milch und Honig hinzufügte, mundete den Wienern das neue Getränk.

6

6 - "Die Kaffeeverkäuferin". Stich von C. Vernet.
Mit freundlicher Genehmigung des Jacobs Suchard-Museums, Zürich.

7 - Aus Italien stammende silberne Kaffeekanne im Empire-Stil. Aus der Sammlung von R. Quarenghi, Bergamo.

Die steigende Nachfrage führte bald zu Versorgungsengpässen. Auch wenn holländische Missionare und Botaniker auf Java Plantagen anlegten, so kam doch der Großteil des Kaffees aus dem Nahen Osten, insbesondere aus dem Jemen, der seine Vorrangstellung eifersüchtig hütete. Jegliche Ausfuhr von Samen war strengstens verboten. Die grünen Kaffeebohnen mußten vor dem Verkauf leicht geröstet werden, damit sie nicht zum Keimen angeregt werden konnten. Aber indische Pilger, die die heiligen Stätten des Islam besuchten, brachten Kaffeesamen mit nach Mysore, wo man Pflanzungen anlegte und bald einen Handel von internationaler Bedeutung betrieb.
Auch die Kolonisierung von Nord- und Südamerika steigerte die Nachfrage. In Brasilien und Mittelamerika schuf man weitere Plantagen, mit denen man den Bedarf zu stillen trachtete. Auch das Hochland von Ostafrika entwickelte sich zu einem bedeutenden Kaffeelieferanten.

Der internationale Kaffeehandel, auf dem das wirtschaftliche Wohlergehen ganzer Länder beruht, steht anrs Bedeutung nur dem Geschäft mit Erdöl nach. Doch etwas fällt auf am

Siegeszug der im Reifezustand unscheinbaren grünen Bohnen. Es gab keine allgemeine Übereinkunft darüber, wie Kaffee zubereitet und wie er schmecken sollte. Dreihundert Jahre hindurch bemühte man sich in Europa, dem Kaffee seinen besten Geschmack abzugewinnen. Das führte zur Entstehung einer Fülle von diversen Kaffeemaschinen, die einer kulturs geschichtlichen Untersuchung wert sind.

Bevor man Kaffee aufbrühen kann, muß er erst geröstet und gemahlen werden. Kaffeemühlen sind mittlerweile ein beliebtes Sammelobjekt. Es gibt Leute, die Hunderte von Kaffeemühlen, wenn nicht noch mehr angehäuft haben. Die Röstgeräte dagegen sind nur für Kaffeefirmen von Interesse. Aber weder Röstpfannen noch Kaffeemühlen sind das Thema meines Buches, mögen sie auch für die Zubereitung von gutem Kaffee unabdingbar sein. Wenn diese beiden Veredlungsphasen nicht richtig gehandhabt werden, leidet das Endprodukt.

Vor etlichen Jahrhunderten ließ man die Kaffeebohnen fermentieren. Danach wurden sie lange Zeit geröstet und unzerkleinert gekocht. Der geseihte Sud bildete dann das Getränk. Wenn man Kaffee röstet und hernach fein mahlt, muß man auch die chemischen Vorgänge beherrschen, damit die wahre Qualität der Kaffeebohnen zum Vorschein kommt und nicht ruiniert wird. Zum Rösten benötigt man eine Temperatur, die hoch genug ist, damit die aromatischen Öle freiwerden, eine Vorrichtung, mittels derer die Bohnen ständig in Bewegung gehalten werden, damit der Röstvorgang alle erfaßt, und die durch Erfahrung gewonnene Kenntnis darüber, wann der Veredlungsprozeß abgeschlossen ist.

Kleinere Mengen kann man bedenkenlos in einer Pfanne über einem Feuer oder auf dem Herd rösten. Diese Methode war Jahrhunderte lang in den Haushalten üblich. In Italien röstete man die Kaffeebohnen in einem Glasbehälter über glühenden Holzkohlen. Brauchte man größere Mengen, wie sie Cafés, Drogerien oder Läden benötigten, ließ man die Bohnen in einem drehbaren kugeligen Gefäß über einem Feuer rotieren.
Heutzutage überläßt man das Rösten Spezialfirmen, die Bohnen verschiedener Provenienz mischen und den Röstvorgang den Wünschen des Kunden anpassen. Der Röstungsgrad ist dabei eine Geschmackssache. In Europa wird in den südlichen Ländern stärker geröstet. Ein wichtiger Faktor war selbstverständlich auch der Endpreis des Kaffees. Aus stark gerösteten Bohnen läßt sich mehr Kaffee gewinnen, aber der Geschmack ist etwas bitterer.
Kompliziert wird die Zubereitung des Kaffees noch durch die diversen Zutaten. Der Kaffee ist immer ein verhältnismäßig teures Genußmittel gewesen. In Kriegs- oder Revolutionjahren war er knapp und deswegen nahezu

8 und 9 - Zwei grosse Kaffeeröster. Mit freundlicher Genehmigung der Kaffeefirma Lavazza, Turin.

10 - Kaffeeröster für den Privathaushalt.

11 - Ein italienischer Glastrommelröster aus dem Jahre 1800. Mit freundlicher Gemehmigung der Firma Hario, Tokio.

12 - Kugeliger zinnplattierter Röster mit Drehspiess. Im 19. Jhdt. in Frankreich hergestellt. Aus der Bramah-Sammlung.

13 - Röster mit Spiritus-Rechaud. Zu Beginn unseres Jahrhunderts in Frankreich hergestellt. Aus der Faelli-Sammlung, Parma.

8

9

10

11

13

12

uners schwinglich. Einige Länder litten unter so einer Verknappung mehr als andere. England, Frankreich oder Holland hatten eigene Handelsflotten, die die Versorgung sicherten. Holland und Frankreich besaßen in ihren Kolonien ausgedehnte Kaffeers plantagen. Deutschland hingegen besaß damals keine Kolonien und war ringsum von den Nachbarstaaten eingeschlossen. Folglich hing es, was den Kaffeeimport betrifft, von Frankreich und Holland ab. Das belastete das Wirtschaftsleben der deutschen Teilstaaten so sehr, daß der Kaffee ausgiebig besteuert wurde. Man streckte ihn mit gerösteter Zichorie oder machte aus letzterer einen Kaffee-Ersatz. Er hatte einen typischen Geschmack, an dem die Leute Gefallen fanden, auch als es längst keine Verknappung mehr gab. Kaffee mit Zichorien- oder Feigenzusatz ist heute noch ein beliebtes Getränk in Europa. Es ist kein Surrogat mehr, sondern eine annehmbare Alternative.

Obwohl man heutzutage das Rösten der Kaffeebohnen im eigenen Haushalt zumeist als unpraktisch aufgegeben hat, ziehen es viele Leute vor, die gerösteten Kaffeebohnen selbst zu mahlen. Die feinste Qualität hat etwa die Feinkörnigkeit von Mehl. Das läßt sich mit einem Mörser und einem Stößel erreichen. Die gebräuchliche Kaffeemühle ist eine abgewandelte Gewürzmühle. Der persönliche Geschmack bestimmt den Grad der Feinkörnigkeit, der sich auch

14

14 - Mörser und Stössel. Damit pulverisierte man die gerösteten Kaffeebohnen, um Kaffee auf türkische Art zuzubereiten. Manche Geräte waren so konstruiert, dass sich der pulverisierte Kaffee zusammenpressen liess. Dadurch sickerte das heisse Wasser nicht so schnell durch. Aus der Faelli-Sammlung, Parma.

15

15 - Eine europäische Kaffeemühle aus dem 19. Jhdt. Sie hat ein Holzgehäuse und eine kleine Schublade. Lavazza-Sammlung, Turin.

16 - Szene im Wiener Kaffeehaus "Blaue Flasche", eröffnet im Jahre 1683 von Kolschitsky. Ölbild von Franz Schramm Sammlung: Julius Meinl, Wien.

17 bis 25 - Kaffeemühlen aus der Sammlung der Firma Riant Koffiebranderij & Theepakkerij B.V., Holland.

16

17

18

19

20

21

22

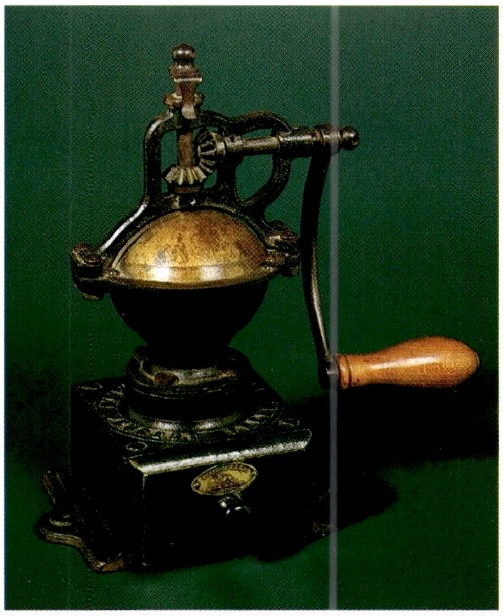
23

24

25

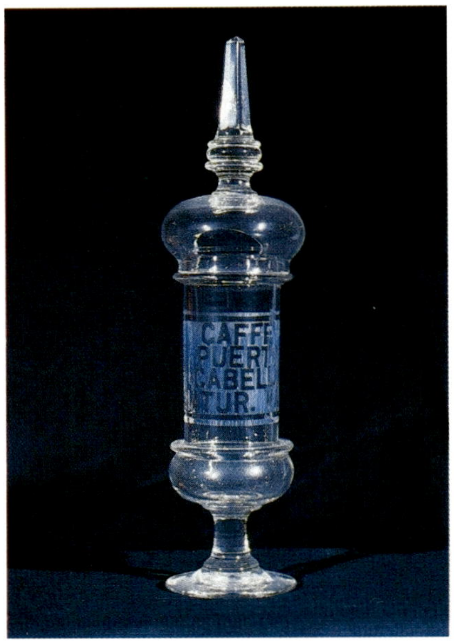

26

noch nach der Zubereitungsart richtet. Gröber gemahlene Bohnen ergeben einen vorzüglichen Kaffee, wenn man sprudelnd kochendes Wasser auf das Mahlgut in einer Kaffeekanne gießt und sich die Kaffeebestandteile frei verteilen können. Allerdings ist dieses Verfahren etwas teurer, weil man mehr Kaffee benötigt. Wenn der gemahlene Kaffee gefiltert und damit komprimiert wird, kann das Mahlgut feiner sein. Heute kann man verschiedene Sorten von geröstetem und gemahlenem Kaffee kaufen, die auf die mannigfachen Zubereitungsarten abgestimmt sind. Trotzdem mahlen viele Leute ihn noch immer selbst, und Kaffeemühlen, wie sie in meinem Buch abgebildet sind, auch wenn man sie inzwischen als Kuriositäten sammelt, sind noch immer in Gebrauch.

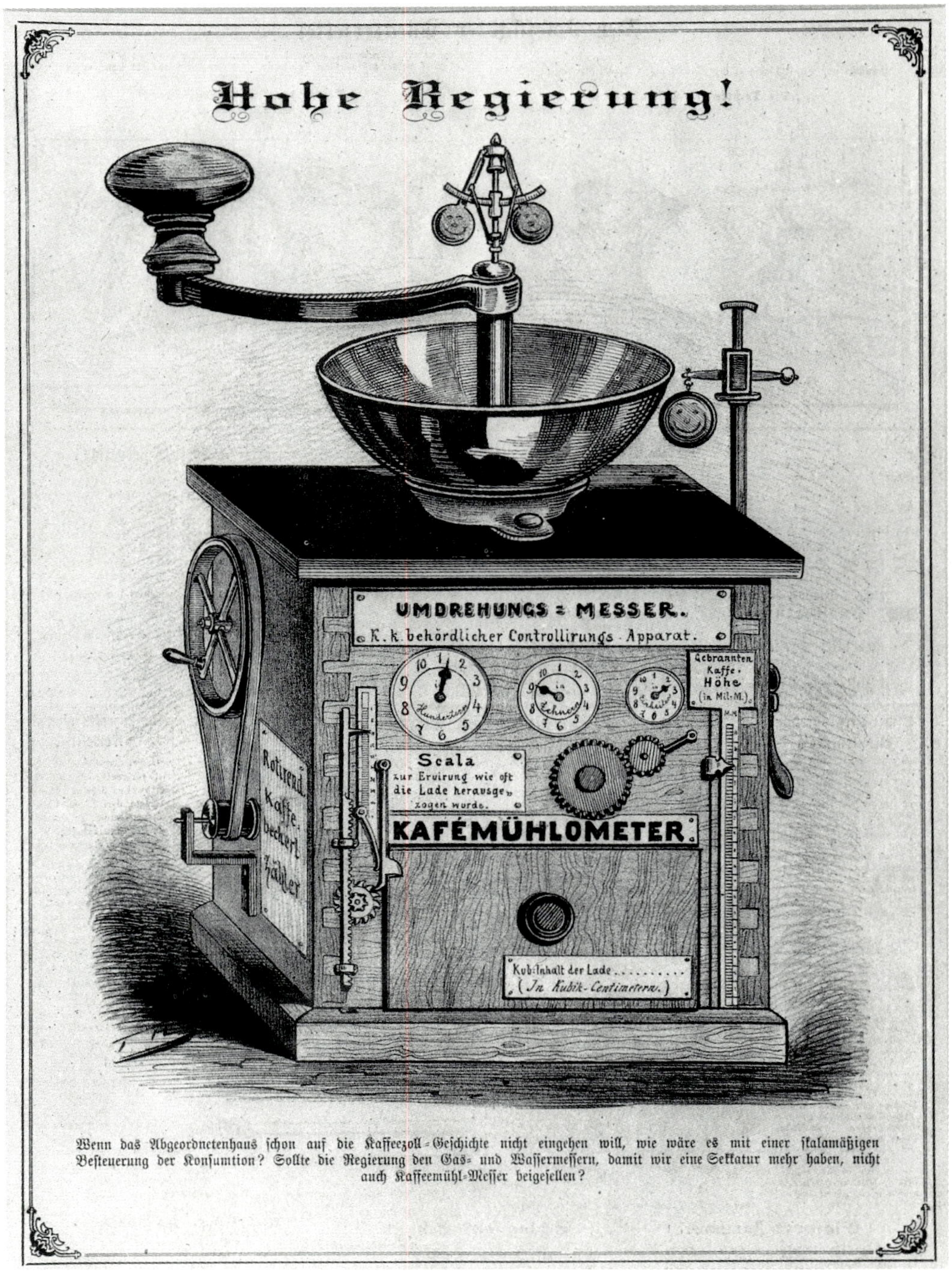

27

26 - Glasbehälter zur Aufbewahrung von Kaffee. Aus der Lavazza-Sammlung, Turin.

27 - Eine aus Deutschland stammende Karikatur, die die Bemühungen zur Reduzierung der Kaffeeimporte verspottet.

KAFFEEZUBEREITUNG IM ORIENT

1

1 - *Ansicht der Stadt Mocha im Jemen. Nach einem Stich von W. Giles. Jacobs Suchard Museum, Zürich.*

Anfänglich bereitete man den Kaffee wahrscheinlich aus den ganzen Kaffeekirschen samt den Bohnen im Inneren zu. Später erst verwandte man nur die grünen Bohnen. Vieles deutet darauf hin, daß man die Bohnen erst im 13. Jahrhundert zu rösten begann. Das Getränk wurde so zubereitet, daß man die unzerkleinerten Bohnen sott. Später zerstieß man die Bohnen in einem Mörser mit dem Stößel zu einer pulverigen Masse, die ins kochende Wasser geschüttet wurde. Man trank den Kaffee samt dem Satz. Zu Anfang des 16. Jahrhunderts kam dann der sogenannte Ibrik auf.

Der türkische Ibrik ist ein tiefes Metallgefäß mit einem langen Griff. Es gibt ihn in verschiedenen Größen. Auch das verwendete Metall kann unterschiedlich sein. Heute noch fertigen ihn Handwerker — von Jugoslawien bis Persien — in seiner herkömmlichen Form samt den traditionellen Verzierungen an. Deswegen lassen sich die Exemplare zeitlich schwer einordnen. Zu einem Ibrik gehören im allgemeinen sechs kleine Becher, die in einem metallenen Übergefäß stecken, und ein passendes Tablett. Das Arrangement ist ebenso gebräuchlich und zeitlos wie ein Teeservice in Europa.

In der Wüste, überall, wo man auf offenem Feuer kochte, bereitete man Kaffee so zu, daß man heißes Wasser in den Ibrik goß, pulverisierten Kaffee hinzufügte und die Mischung aufwallen ließ. Sobald der Sud überzukochen drohte, nahm man den Ibrik vom Feuer und ließ ihn ein wenig abkühlen. Danach wurde er wieder aufs Feuer gestellt. Das geschah zuweilen ein dutzendmal. Häufig fügte man Zimt, Gewürznelken oder etwas Ambraessenz hinzu.

Diese Zubereitungsart mag nichts für den europäischen Gaumen sein, aber das ist der traditionelle Kaffee in der Türkei. Wichtig ist vor allem, daß er stark ist, auch wenn dadurch etliche Geschmackskomponenten überdeckt werden.
Der Ibrik verschmälert sich nach oben, so daß man die Flüssigkeit mit möglichst wenig Satz ausschenken kann. Aber wer schon mal Kaffee auf türkische Art getrunken hat, weiß, daß etwas Kaffeesatz einfach dazugehört. Es gibt Kaffeegenießer, die ihn köstlich finden. In den Ländern, die einst zum Osmanischen Reich gehörten, stimmt das auch.

In Europa konnte sich der Ibrik nicht durchsetzen.
Doch der Bagdad-Kessel, ein weiteres klassisches Kaffeezubereitungsgerät im Orient, beeinflußte die Form der europäischen Kaffeekannen und wurde ausgiebig kopiert. Zumeist bestanden die Geräte aus Silber oder gebranntem Ton.

Um die Mitte des 17. Jahrhunderts erhielt der Bagdad-Kessel einen Deckel, einen Henkel und die charakteristische schnabelartige Tülle. Im Lauf der Zeit hatte man her-ausgefunden, daß eine unten bauchige Form den Kaffeesatz noch besser

2

3

4

5

2 - Ein Bagdad-Boiler. Man füllte ihn mit fein zerstossenem Kaffee und Wasser und stellte ihn auf die Glut. Aus der Bramah-Sammlung.

3 - Kaffeeverkäufer in den Strassen von Smyrna um 1820. Stich von B. Tatikian. Jacobs Suchard Museum, Zürich.

4 - Deckelloser türkischer Kaffeeboiler, auch ***Ibrik*** *genannt. Seit dem 16. Jhdt. in Gebrauch. Dazu gehören zumeist ein Tablett und sechs Becher. Aus der Brahmah-Sammlung.*

5 - Kaffeeverkäufer in den Strassen von Paris um 1700. Kolorierter Kupferstich von Gerard Jean Baptiste Scotin. Jacobs Suchards Museum, Zürich.

zurückhielt. Die lange Tülle war fürs Ausschenken ideal. Und der Deckel wie auch die mit einem Scharnier versehene Tüllenklappe minderten den Wärmeverlust. Vor dem Ausschenken wickelte man ein nasses Tuch um das Gefäß, damit sich die Flüssigkeit klärte und sich die festen Bestandteile setzten. In Mekka und anderen arabischen Städten war es üblich, daß man vor dem Servieren aromatische Kräuter in die Tülle steckte, die ebenfalls den Kaffeesatz zurückhielten.

Da es so viele Ibriks und Bagdad-Kessel gibt, ist ihr kulturhistorischer Wert gering. Aber auf einer Orients-brücke oder einem Beistelltisch geben sie eine hübsche Zierde ab. Ein Großteil der in Europa befindlichen Bagdad-Kessel ist vermutlich noch nie für die Zubereitung von Kaffee verwendet worden.

6

Obwohl der Ibrik und der Bagdad-Kessel die gebräuchlichsten Geräte waren, sollte man noch die orientalische Schnabelkanne erwähnen. Sie ist persischen Ursprungs. In Europa kennt man sie von der Zeit der Kreuzzüge an als Gefäß für Wein oder Wasser. In ihr wurde der Kaffee nie zubereitet. Um die Mitte des 17. Jahrhunderts gelangten die ersten orientalischen Kaffeekannen nach London. Als man in England Kaffeekannen herzustellen begann, übernahm man die gekrümmte Tülle. Im übrigen Europa, wo das Kaffeetrinken sich ein paar Jahre später einbürgerte, ließen sich die Silberschmiede nicht von der persischen Schnabelkannenform anregen. Ihre Kaffeekannen hatten einen langen, geraden Schnabel, aus dem sich besser ausschenken ließ.

7

8

9

10

6 - Moderne orientalische Kanne in traditioneller Form. Aus der Lavazza-Sammlung, Turin.

7 - Arabische und orientalische Kaffeekannen. Aus der Brand-Sammlung.

8 - Arabische Kaffeekanne. Aus der Lavazza-Sammlung, Turin.

9 - Eine **Jabena** genannte Kanne und Tassen, wie sie von jeher in Äthiopien verwendet werden, wo der Kaffe heute noch auf traditionelle Art zubereitet und ausgeschenkt wird. Vor tausend Jahren gab es in der jetzigen Provinz Kaffa noch wildwachsende Kaffeesträucher. Mit freundlicher Genehmigung von ICI Agrochemicals.

10 - Zwei alte türkische Kaffeemühlen. Sie ähneln den traditionellen Gewürzmühlen. Aus der Lavazza-Sammlung, Turin.

DIE ERSTEN FILTERKANNEN

Tee, Kaffee und Kakao gelangten um die Mitte des 17. Jahrhunderts etwa zur gleichen Zeit nach Europa, als sich der Überseehandel ausweitete. Bei der Zubereitung von Kakao konnte man im Grunde nichts falsch machen. Auch der Tee bereitete keinerlei Probleme, da man ja nur kochendes Wasser auf die Teeblätter gießen mußte. Die Chinesen bereiteten so den Tee in henkellosen Porzellangefäßen zu. Aber die Kapitäne der Ostindischen Handelskompanie brachten nach Europa Kannen mit, die — obwohl es sich eigentlich um Weinkannen handelte — sogleich als Teekannen verwendet wurden. Die europäischen Töpfer und Silberschmiede übernahmen die exotischen Formen und Ornamante. Bald darauf gab es ihre Produkte allenthalben zu kaufen. Von da an waren sämtliche Versuche, die Teezubereitung durch irgendwelche Finessen aufwendiger zu gestalten, zum Scheitern verurteilt.

Anfangs sott man in Europa den Kaffee in Wasser.
Aber bald kam man von dieser Mode ab, da viele das Getränk zu bitter fanden. In den Kaffeehäusern kochte man den Kaffee in großen Gefäßen, die über einem offenen Feuer hingen. Danach wurde das Getränk zum Ausschenken in Kannen gegossen.
Der Bodensatz ließ sich zwar abseihen, aber besser wurde es erst, als um 1710 in Frankreich Filtersäckchen verwendet wurden. Der pulverisierte Kaffee kam in ein Leinensäckchen, das an einer Schnur in ein großes Gefäß

1

1 - Ein Londoner Kaffeehaus zur Restaurationszeit. Mit freundlicher Genehmigung der Firma Lloyd's of London.

2 - Silberne Kaffeekanne, angefertigt etwa um 1698 von Matthäus Bauer II, Augsburg. Jacobs Suchard-Museum, Zürich.

3

4

gehängt wurde. Man goß kochend heißes Wasser darüber und erhielt ein angenehmeres, milderes Getränk. Bald hatte diese Methode die bisher üblichen Verfahren in Frankreich verdrängt. 1763 montierte ein französischer Blechschmied namens Donmartin das Leinensäckchen an einen Ring, der genau in die Gefäßöffnung paßte.

Die Infusionsmethode war der Teezubereitung so ähnlich, daß sie in England und Holland lange Zeit gebräuchlich blieb, während sie in Frankreich aus der Mode kam. Wunderschöne Kaffeekannen aus der ersten Hälfte des 18. Jahrhunderts sind erhalten geblieben. Manche besitzen einen Zapfhahn. Andere stehen auf drei Beinen, so daß darunter eine Heizquelle Platz findet. Auf Gemälden aus jener Zeit sind sie häufig dargestellt. Im 18. Jahrhundert erfreuten sich diese bauchigen Kannen größerer Beliebtheit als die hohen Silberkannen, die

3 und 4 - Aus Messing bzw. aus Kupfer angefertigte holländische Kaffeekannen aus der zweiten Hälfte des 18. Jhdts. Beide besitzen drei Zapfhähne. Mit freundlicher Genehmigung der Firma Jack Casimir Ltd., London.

5 - Bemalte, urnenförmige Zinnkanne aus Holland. 18. Jhdt. Höhe 47 cm. Aus der Bramah-Sammlung.

6

heute enorme Preise erzielen. Während sich noch vor ein paar Generationen eine Familie um einen kleinen Hund gruppiert malen ließ, sieht man heute auf Photographien die Leute lässig um einen Tisch sitzen, auf dem eine glänzende Messing- oder Kupferkanne als Blickfang thront.

Die ersten Kaffeekannen für den häuslichen Gebrauch, die in England angefertigt wurden, kamen gegen Ende des 17. Jahrhunderts auf und bestanden zumeist aus Edelmetall. Die Kunst der Porzellanherstellung war noch unbekannt. Um 1680 hatte die typische Kaffeekanne eine windlichtähnliche schlichte Form und einen runden Boden. Nach oben wurde sie schmäler. Tülle und Henkel waren rechwinklig zueinander befestigt. Der Deckel lief konisch zu und besaß ein Scharnier.

In dieser Zeit glichen die Kannen für Tee, Kaffee oder Schokolade zumeist einander. Erst später bekamen die Teekannen die gleiche bauchige Form, wie sie die Importe aus China aufwiesen. Während die Schokoladekannen den rechtwinklig zur Tülle angebrachten Griff beibehielten, versah man die Kaffeekannen mit einem gegenüber dem Schnabel befestigten Henkel.

Gegen Ende des Jahrhunderts wandelte man diese Form immer mehr ab. Um 1709

6 - Kleine urnenförmige Kaffeekanne aus Messing, etwa 1780. Freundlicher Genehmigung der Firma Jack Casimir Ltd.

7 - Drei kupferne Kaffeekannen in verschiedenen Grössen. Anfang des 19. Jhdts. Mit freundlicher Genehmigung der Firma Jack Casimir Ltd., London.

8 - Kupferne Kaffeekanne mit Elfenbeingriff. Innen versilbert. Französische Arbeit aus der Zeit um 1760. Mit freundlicher Genehmigung der Firma Jack Casimir Ltd.

9 - Kupferne Kaffeekanne aus England aus der Zeit um 1820. Aus der Bramah-Sammlung.

10 - Kupferkessel und Kupferkanne aus der Mitte des 19. Jhdts. Aus Skandinavien oder Norddeutschland. Da die Kanne einen Dreifuss aus Eisen hat, konnte man sie in die Glut stellen. Aus der Bramah-Sammlung.

8

9

10

11

12

bekamen die Kannen einen gekrümmten Schnabel und halbkugelförmige Deckel. Noch war der Henkel rechtwinklig zur Tülle angebracht. Um 1720 erhielt die silberne Kaffeekanne eine Form von bewunderswerter Eleganz. Die Basis war achteckig, die Seiten gerade und der Deckel konvex.

Tülle und Henkel waren geschmackvoll aufeinander abgestimmt. Der Henkel saß nun gegenüber dem Schnabel und der Daumenhalt, Kennzeichen der ersten Griffe, war verschwunden.

Wer Silberkannen sammelt, ist eher am Edelmetall interessiert denn an dem Gerät an sich. Die im Buch gezeigten Exemplare stammen zumeist aus England. Aber es gibt auch stilistisch bemerkenswerte Stücke aus

13

14

16

15

11 - Kaffeekanne aus der Epoche Georgs II, von Henry Brind 1743 in London gefertigt. Nachdem 25 Jahre lang zylinderförmige Kannen in Mode waren, wurden sie nun bauchig. Die Tülle entspringt einem Muschelornament. Mit freundlicher Genehmigung der Firma H. Perovitz Ltd.

12 - Rotlackierte Kaffeekanne mit Scharnierdeckel. Von William King 1799 patentiert. Nationalmuseum von Wales, Cardiff.

13 - Drei Kaffeekannen aus Britanniametall. Zweite Hälfte des 19. Jhdts. Im Inneren hing ein Filtersäckchen mit dem Mahlgut. Britanniametall war sozusagen "das Zinn der armen Leute" und enthielt kein Blei. Die linke Kanne stammt von der Firma James Dixon & Son. Höhe 27 cm. Die Kanne in der Mitte ist von Shaw & Fisher aus Sheffield. Höhe 29 cm. Die rechte Kanne ist von E. Stacey & Son, Sheffield. Die Elfenbeinringe im Henkel dienen als Wärmesperre. Der Henkelteil dazwischen blieb kühl und konnte bedenkenlos angefasst werden. Die Kirsche auf dem Deckel, die facettierte Tülle und die verzierten Füsse sind charakteristische Ornamente jener Zeit. Höhe 25 cm. Aus der Bramah-Sammlung.

14 - Prächtige Silberkanne, 1704 von Benjamin Pyne angefertigt. Auf der Aufnahme ist deutlich die Patina zu sehen, die im Verlauf von Jahrhunderten durch sorgsames Polieren entstand. Heute wird Silbergerät von diesem Wert nur mit Baumwollhandschuhen angefasst. Mit freundlicher Genehmigung der Worshipful Company of Goldsmiths, London.

15 - Lackierte sogenannte Pontypool-Kaffeekanne aus der zweiten Hälfte des 18. Jhdts. Nationalmuseum Wales, Cardiff.

16 - Silberkanne im klassizistischen Stil aus dem Jahr 1796 von Henry Chawner. Mit freundlicher Genehmigung der Worshipful Company of Goldsmiths, London.

Skandinavien oder den Vereinigten Staaten. Alte Silberkannen aus Frankreich oder Rußland sind überaus selten, weil vieles in den Wirren der Revolutionszeit untergegangen ist.

Kaffeekannen aus gediegenem Silber sind ein Gebiet für sich. Nur Reiche konnten sie sich leisten. Sie trugen enorm zur Beliebtheit des Kaffeetrinkens bei. Für die minder Begüterten gab es eine reichhaltige Auswahl

17

17 - Rokoko-Kanne aus der Zeit Georgs III. von England. 1764 von Daniel Smith und Robert Sharp in London angefertigt. Die Tülle ist nicht aufgesetzt. Die Form mit dem klar herausgearbeiteten Fuss erinnert an türkische Kaffeekannen. Mit freundlicher Genehmigung der Firma H. Perovetz Ltd., London.

18 - Weihnachten am kaiserlichen Hof. Ein Aquarell der Erzherzogin Maria Christine.

19 bis 22 - Verschiedenartige Kaffeekannen aus damaliger Zeit.

18

19

20

21

22

23 - *Lloyd's Coffee House im Jahre 1798. Mit Freundlicher Genehmigung der Firma Lloyd's of London.*

24 - *Kaffeekanne, Teekanne, Milchkännchen und Zuckerdose, 1901 angefertigt von Koch & Bergfeld, Bremen. Jacobs Suchard-Museum, Zürich.*

23

24

25

an plattierten Kannen, die eine ähnliche Gestalt hatten.

Doch all diese Geräte erleichterten nicht die Kaffeezubereitung. In ihnen wurde der Kaffee — wie Tee — lediglich aufgebrüht oder nach dem Durchseihen zum Servieren gegossen. Das traf nicht auf die Keramikkannen zu, die breite Bevölkerungsschichten mit dem neuen Getränk vertraut machten.

26

25 - 1751 von George Methuen angefertigte silberne Kaffeekanne aus der Regierungszeit Georgs II. Typisch sind die Rokokoornamente und der hölzerne Henkel. Mit freundlicher Genehmigung der Worshipful Company of Goldsmiths, London.

26 - Eine Kaffeekanne von 1760 mit früher Sheffieldplattierung. Die Silberplattierung — das Verfahren, Silberblech durch Hämmern mit Kupferblech zu verbinden und dann zu formen — wurde um 1850 eingestellt, als die Elektroplattierung, also die galvanische Versilberung aufkam. Kunstvoll gearbeitete, alte Geräte mit Sheffieldplattierung sind gefragt und teuer. Aus der Bramah-Sammlung.

27 - Das Bild von 1820 zeigt eine Münchnerin beim Kaffeetrinken. Die silberne Kaffeekanne ist der auf der gegenüberliegenden Seite überaus ähnlich.

28 - Die einzige bisher bekannt gewordene silberne Kaffeekanne mit einem rechteckigen Fuss. 1745 in London von George Wickes hergestellt. Sie zeigt das Familienwappen von Sir Abraham Elton of Clevedon Court, der 1742 Polizeichef und Bürgermeister von Bristol war. Höhe 18 cm. Mit freundlicher Genehmigung von Folger Coffee Company, USA.

29 - Von Robert Timbrell und Benjamin Bentley 1714 hergestellte silberne Kaffeekanne. Den Ständer samt Spritus-Rechaud fertigte 1709 Isaac Linger an. Gesamthöhe 28 cm. Es ist die älteste Kanne mit achteckiger Form in den Vereinigten Staaten. Mit freundlicher Genehmigung der Folger Coffee Company, USA.

27

28

29

30

30 - Silberne Kaffeekanne im Empire-Stil der Firma Veuve Fritz de Strasbourg aus der Zeit um 1804. Jacobs Suchard Museum, Zürich.

DIE KERAMIKKANNE

1

Die rapide Ausweitung des Fernhandels, insbesondere durch englische und holländische Ostindienfahrer, führte zu immer größer werdenden Porzellanimporten aus China. Im Westen war das Geheimnis der Porzellanherstellung völlig unbekannt.
Aber man bemühte sich, es zu ergründen oder zumindest ähnliche Produkte zu erzeugen. Überall entstanden Keramikmanufakturen, die in kurzer Zeit die Lebensqualität breiter Volksschichten veränderten.

Man vergißt allzugern, daß bis zum 17. Jahrhundert das Eßgeschirr und die Trinkgefäße aus Holz oder Metall, aus dickwandigem Ton, gelegentlich auch aus Glas bestanden. Die Entwicklung und rasche Verbreitung von preiswertem Keramikgeschirr bereicherte das Heim von Millionen Menschen mit Farben und Ornamenten, die bislang nur den Reichen vorbehalten gewesen waren. Die Qualität der neuen billigen Keramikwaren war von Anfang an erstaunlich hoch. Die Manufakturen versuchten die Güte des besten chinesischen Porzellans zu erreichen. Als später die zumeist im Besitz des jeweiligen Landesherrn befindlichen Porzellanmanufakturen eigene Formen und Ornamente entwickelten, mühten sich die Töpfer, mit ihnen mitzuhalten.

Daß Tee und Kaffee im 18. Jahrhundert so beliebt wurden, läßt sich auf die Entwicklung geeigneter Gefäße zurückführen, aus denen man die exotischen Muntermacher trinken oder in denen man sie zubereiten konnte. Tee bürgerte sich völlig problemlos ein. Der kapitalmächtige Teehandel importierte

2

3

1 und 2 - Eine von Kändler um 1740 modellierte Porzellanplastik aus der Meissner Manufaktur. Sie ist wie die zweite deswegen auffallend, weil sie statt der üblichen Tee- eine Kaffeekanne zeigt. Die erstere besteht aus einem Mohrenjungen und einer Kaffee trinkenden Dame. Die zweite stellt ein sich Kaffee einschenkendes Mädchen dar und wurde um 1760 von Josef Ness, Ludwigsburg, geschaffen. Jacob Suchard-Museum, Zürich.

3 - Spode-Kaffeekanne mit dem traditionellen Weidenbaumornament. Um 1780 tauchte es erstmals auf dem blau-weissen Porzellan von Caughley auf. Es handelt sich nicht um ein aus China stammendes Motiv. Es ist aber à la chinoise gehalten und wurde von den meisten Manufaktoren übernommen. Zumeist findet man es auf Tellern und Teegarnituren. Aus der Bramah-Sammlung.

verschiedene Sorten aus China und brachte den Kosumenten die verschiedenen Geschmacksrichtungen nahe. Die Öffentlichkeit akzeptierte willig die Auswahl des Teehandels und hielt auch der mittlerweile vertrauten Teekanne die Treue. Versuche, die Zubereitung einem Gerät zu überlassen, scheiterten.

Keinen Konsens gab es hingegen darüber, wie der Kaffee schmecken sollte. Auch der Kaffeehandel war da keine Stütze. Da man einerseits die Schwierigkeit, erntegrüne Kaffeebohnen in ein anregendes Getränk umzuwandeln, bewältigen mußte, anderseits für die Importe einen hohen Preis zu entrichten hatte, nimmt es nicht wunder, daß viele Leute bei der Kaffeezubereitung zu experimentieren begannen. Doch bald fand man heraus, daß sich Kaffee im Gegensatz zum Tee völlig zufriedenstellend auch in größerer Menge zubereiten ließ. Dazu brauchte man nur einen sogenannten Biggin oder einen Kaffeespender.

4

5

6

7

4 - Porzellankanne. Weesp, 1765. Jacobs Suchards Museum, Zürich.

5 - Hübsche, ausgefallene Kaffeemühle aus Porzellan. Aus der Lavazza-Sammlung, Turin.

6 - Worcester-Kaffeekanne von Robert Hancock aus dem Jahre 1765. Das aufgetragene Bild zeigt Milchmädchen bei der Arbeit. Aus der Bramah-Sammlung.

7 - Chinesische Kanne mit Imari-Motiven. Henkel und Tülle stehen —wie früher bei den Silberkannen — im rechten Winkel zueinander. Aus der Bramah-Sammlung.

8

9

10

8 - 1837 wurde den Franzosen durch den Vertrag von Tafna die Festung Mazagran in Algerien zugesprochen. Die Soldaten erhielten damals auf ihren langen Märschen durch diesen Teil Nordafrikas Kaffeesirup und kaltes Wasser als Getränk. Der ***café mazagran*** *wurde in den Kaffeehäusern in hohen Gläsern serviert. Bald darauf stellte man die Gefässe auch aus Porzellan und verschiedenen Metallen her. In Frankreich werden sie heute noch als Souvenirs produziert.*

9 - Englische Kaffeekanne aus sogenannter Pearlware. Verziert ist sie mit exotischen Vögeln, Blättern und hingetupften Ornamenten. Entstanden um 1790. Aus der Brahmah-Sammlung.

10 - Prachtvolle Worcester-Kaffeekanne mit handgemaltem kobaltblauem Unterglasurgrund. Die mit dünnem Goldrand abgesetzten Flächen sind mit exotischen Vögeln verziert. Entstanden um 1770. Mit freundlicher Genehmigung des Dyson Perrins-Museums, Worcester.

11 - Kaffeeservice von Giustiniani, einem Neapolitaner.
Ägyptische Motive bestimmen Bemalung und Form. Entstanden um 1820. Nach dem Ägyptenfeldzug Napoleons waren ägyptische Motive en vogue. Jacob Suchard-Museum, Zürich.

12 - Kaffeeservice. Jacobs Suchard-Museum, Zürich.

11

12

13

13 - Kaffeekanne mit Blütenzweigen in japanischer Manier. Capodimonte, um 1745 entstanden. Jacobs Suchard-Museum, Zürich.

14 - Staffordshire-Kanne aus sogenannter Creamware mit mehrfarbigen floralen Ornamenten verziert. Entstanden um 1785. Aus der Bramah-Sammlung.

15 - St. Amand Nord-Kaffeekanne aus der Mitte des 19. Jhdts. Ursprünglich wurden solche Kannen von der Familie Fauquez im 18. Jhdt. hergestellt. J. de Bettignies aus Tournay übernahm die Form und favorisierte sie in den Jahren 1818-1882. Aus der Bramah-Sammlung.

16 - Moderne sizilianische Kaffeekanne mit landesüblicher Verzierung. Aus der Lucchetti-Sammlung, Bergamo.

14

15

16

DER BIGGIN

1

Man nimmt an, daβ der Biggin sich etwa um 1817 allgemein durchsetzte. Seine Bezeichnung soll auf einen gewissen Mr. Biggin zurückgehen, der ihm zum Durchbruch verhalf. Aber das Wort kann sich auch vom holländischen Zeitwort *beggelin* ableiten, das *tröpfeln* bedeutet. Feststeht, daβ die Grundidee von dem französischen Tüftler Donmartin stammt. Er befestigte ein Filtersäckchen mit Kaffee an einem Ring, der wiederum genau in den Hals einer Kaffeekanne paβte. Ein Biggin konnte aber auch statt des Leinensäckchens einen perforierten Behälter aus Metal enthalten. Die verschiedenen Modelle wurden entweder aus Ton oder aus Metall angefertigt.

Biggin — das hört sich unscheinbar an. Aber die damaligen Kupfer- und Silberschmiede schufen wundervolle Stücke, von denen viele auf uns gekommen sind.

2

Sie waren in Holland und im viktorianischen England lange Zeit in Gebrauch.
Hin und wieder gelang einem Tüftler auch eine Verbesserung der Konstruktion. Die um 1820 aufgekommene Evans-Kanne etwa war mit einem Leinensäckchen für den Kaffee ausgestattet, das an einer Art Schwimmer befestigt war.

1 - Ein Pariser Café-Restaurant um die Mitte des 19. Jhdts.

2 - "Le Café". Französischer Druck aus der zweiten Hälfte des 19. Jhdts.

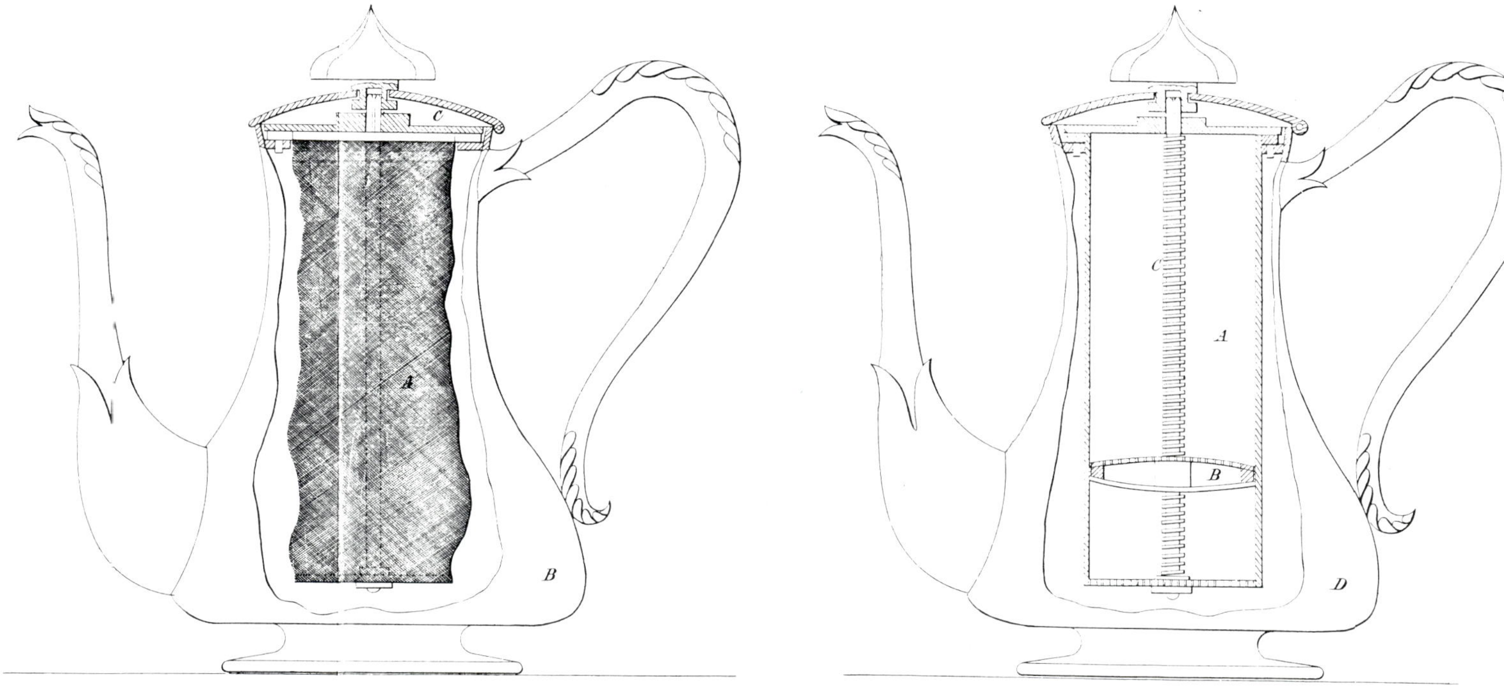

3

3 - Elizabeth Dakins 1848 angefertigte Patentzeichnung ihres Biggins. Rechts: Der Leinenbeutel mit dem Mahlgut hat eine Zentralschraube, die zur Bodenplatte führt. Nachdem man beisses Wasser in den Beutel gegossen hat, wird die Schraube mittels eines Schlüssels gedreht. Der Leinenbeutel schiebt sich nach oben, wobei der Extrakt ausgepresst wird. Links: Ein anderes Modell hat statt des Beutels einen Zylinder mit perforiertem Boden. Das Mahlgut und das Wasser werden eingefüllt, wenn die durchlöcherte Platte ***B*** *sich ganz unten befindet. Dreht man die Lochplatte nach oben, wird der Kaffeesatz gleichfalls emporgehoben, während der Extrakt in der Kanne zurückbleibt.*
Vierzig Jahre später wurde diese Konstruktion in den Vereinigten Staaten beim sogenannten "etruskischen Biggin" angewendet.

4

5

6

4 - Mitteleuropäischer Kupferbiggin aus der Mitte des 18. Jhdts mit einem Seihbeutel an einem Ring, der von einer Leiste im Boilerinneren herabhing. Der Spiritus-Rechaud befindet sich im abnehmbaren Unterteil, das wegen der Luftzufuhr gitterförmig durchbrochen ist. Gesamthöhe 45 cm. Aus der Ursula Becker-Sammlung, Köln.

5 - Englischer Kupferbiggin mit Seihbeutel. Etwa aus dem Jahr 1840. Die Form ähnelt der der Silberkannen, wie sie hundert Jahre zuvor angefertigt wurden. Mit freundlicher Genehmigung der Firma Jack Casimir Ltd., Lond.

6 - Französischer silberplattierter Biggin, von Bointabaret etwa um 1860 angefertigt. Mit freundlicher Genehmigung der Firma R. Feldman Ltd., London.

7 - Ein Biggin mit Sockel aus der Zeit William IV. 1832 von John S. Hunt in London angefertigt. Es handelt sich um die Nachbildung eines Modells von 1790. Mit freundlicher Genehmigung der Firma H. Perovetz Ltd., London.

7

8 - Zwei Kupferbiggins im deutschen Kannenstil. Beide weisen auf der Deckelunterseite die Inschrift ***Ash's kaffeekanne manufactured by the Piston Freezing Machine & Ice Company, London*** *auf. Hergestellt um die Mitte des 19. Jhdts. Aus der Bramah-Sammlung.*

8

Biggins konnte man nicht patentieren lassen, weil ihre Funktionsweise allzu simpel war. Nur ein einziger viktorianischer Kaffeezubereiter ist von technischem Interesse.

Er geht auf einen William Dakin zurück, einen Kaffeeröster aus St. Paul's Churchyard in London, der sich 1847 um ein Patent für seine Röstanlage bemühte. Er starb, bevor man seinem Ersuchen stattgab. Das Patent wurde 1848 seiner Witwe verliehen. Es erstreckte sich auch auf einen Biggin mit einem Stopfer und einer archimedischen Schraube, durch die heißes Wasser zum Mahlgut und dem Filtersäckchen im Innern gelangte. Elizabeth Dakins Konstruktionszeichnung zeigt die typische Kaffeekannenform jener Zeit.

KAFFEESPENDER

Amphoren- oder urnenähnliche Gefäße zur Aufbewahrung von Nahrungsmitteln oder Getränken gibt es schon seit Jahrtausenden. Als das Kaffeetrinken Mode wurde, gab man auch den Kaffeebehältern diese Form. Um 1690 stattete man sie mit Zapfhähnen und einem Rechaud aus. Als sie noch im 18. Jahrhundert einen Innenabzug für die erhitzte Luft bekamen, waren sie einem russischen Samowar nicht unähnlich.

Sieht man sich z.B. das 1786 registrierte Patent von Lancelot Palmer an, muß man zugeben, daß so ein urnenartiges Kaffeegefäß ein kulturhistorisch interessanter Gegenstand ist. Es ließ sich von der Form her vielfältig abwandeln und dem jeweils gerade modischen Dekorationsstil anpassen. Populär war es vor allem in Nordeuropa. Besonders kunstvoll gearbeitet war es in den Niederlanden und Deutschland, wo die traditionelle Herstellung von manchen Handwerkerfamilien über sechs, sieben, acht Generationen beibehalten wurde.

In der ersten Hälfte des 18. Jahrhunderts haben die Servierkannen noch die Form einer kleinen Urne. Mit zunehmender Größe, die den Zinngießern, Kupfer- und Blechschmieden größere Entfaltungsmöglichkeiten bot, wird die Ornamentierung immer raffinierter. Es entstand eine Vielfalt von Geräten, deren genaues Studium überaus reizvoll ist. Im 18. Jahrhundert tröpfelten die Zapfhähne im geschlossenen Zustand nicht selten, was ungerechterweise zumeist den Dienstboten, der Mina, Liese oder Trine, angelastet wurde.

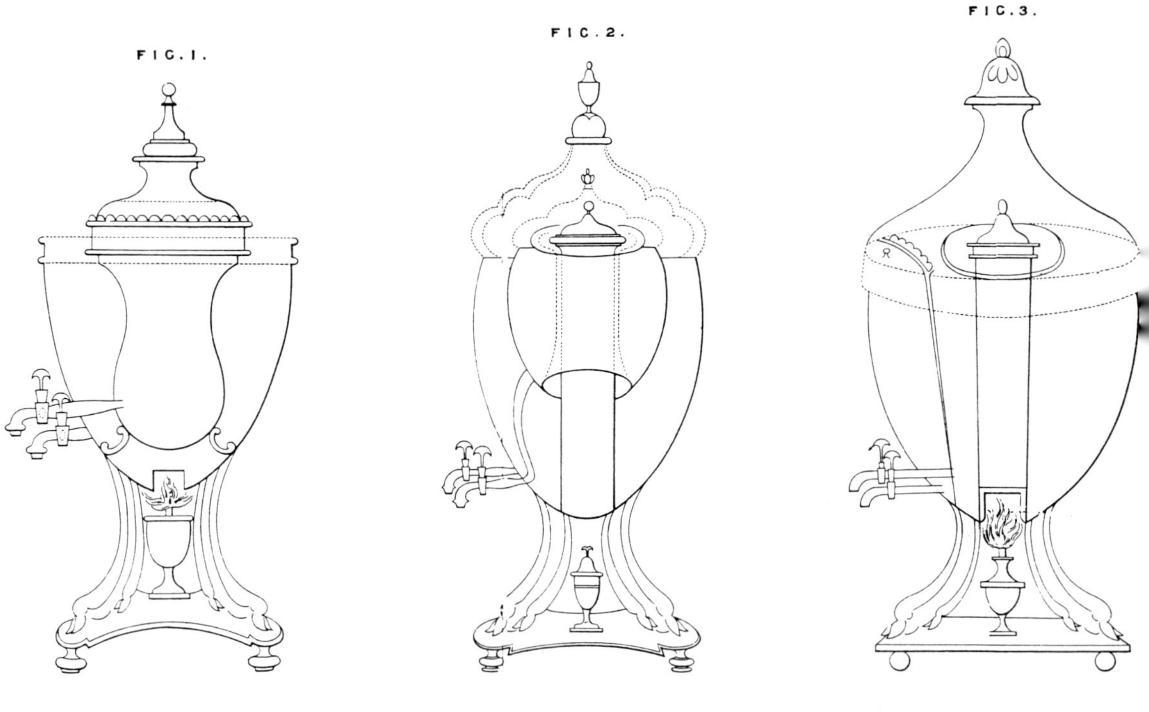

2

1

1 - Zweistufige Kaffeeurnen mit Sheffieldplattierung aus der Zeit um 1800. Es gab Einzelgeräte oder Modelle mit mehreren Gefässen auf nur einem Sockel. Dieses besteht aus einer grossen heisswasserurne mit etwa 3 Liter Inhalt und zwei kleineren — eine für Tee, die andere für Kaffee —, die etwa anderthalb Liter fassen. Verwendet wurden diese Geräte zumeist in grossen Landhäusern zur Frühstückszeit. Sie standen auf einer Kredenz zusammen mit Rechauds, auf denen ***Kedgeree****, ein Reisgericht, und Speck warmgehalten wurden. Die Gesamthöhe des Geräts beträgt 60 cm. Museum der Stadt Sheffield.*

2 - Lancelot Palmers Patentzeichnungen von 1786. Sie zeigen nicht nur, wie der Innenzylinder die heisse Luft zur Erwärmung der Flüssigkeit abführte, sondern auch die verschiedenen Zapfkonstruktionen. Die Wasserummantelung in Zeichnung 1 und 2 diente als Isolierung für den Kaffee im Inneren, konnte aber auch zur Verdünnung des Kaffee-Extraktes oder für die Zubereitung von Tee verwendet werden. Solche Zeichnungen illustrieren die im letzten Viertel des 18. Jhdts. modischen Formen und Stile.

FIG. 4.

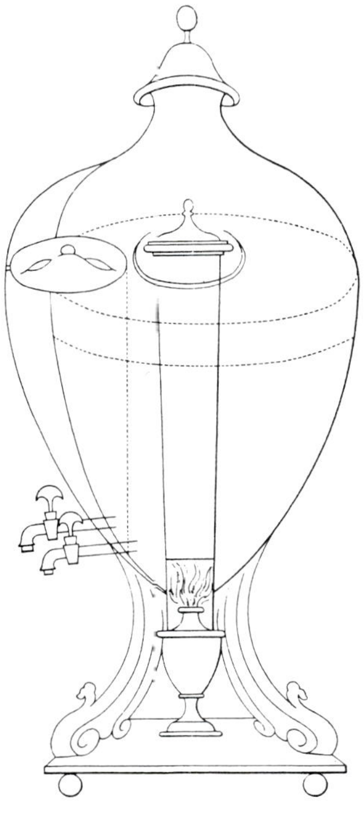

FIG. 5.

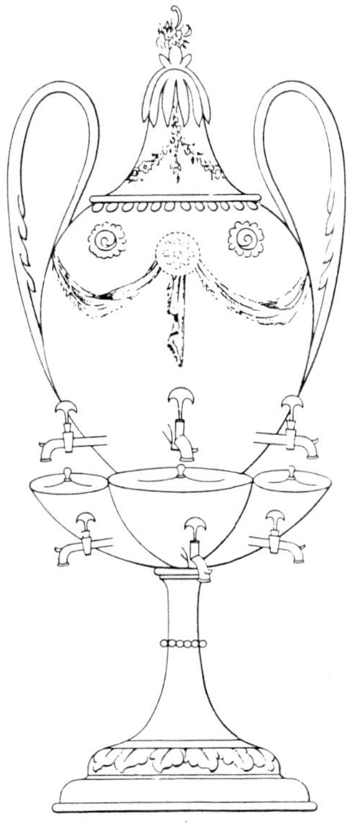

FIG. 6.

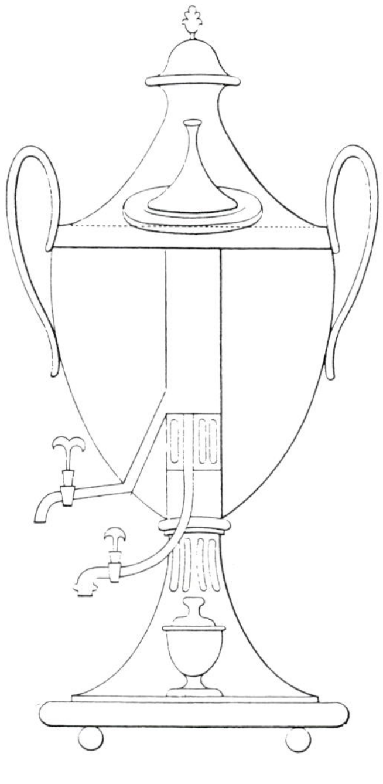

FIG. 7.

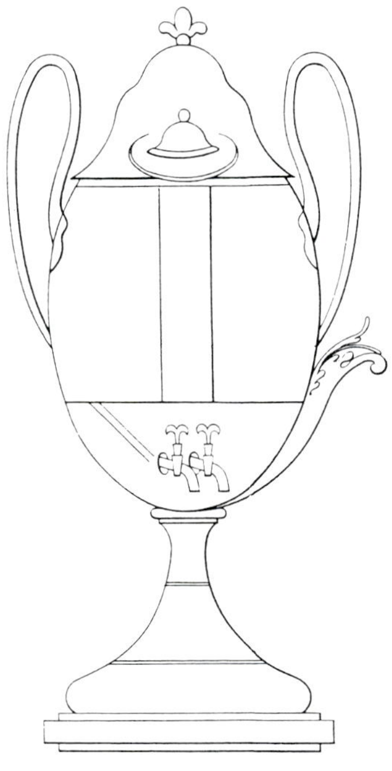

3

3 - Lackierte Kaffeeurnen aus dem späten 18. Jhdt. Es sind exquisite Arbeiten der Handwerkerfamilie Allgood in Pontypoos. Sie zeigen den Einfluss der orientalischen Lackarbeiten, die damals eingeführt wurden. Eine Lackbeschichtung von dieser Qualität ist ein langwieriger und auch kostspieliger Prozess. Der Lack hielt die Hitze der Holzkohlenglut in dem Behälter unter der Urne ohne weiteres aus. Nationalmuseum von Wales, Cardiff.

4 und 5 - Zwei Kaffeeurnen mit lackierter Zinnplattierung aus dem frühen 19. Jhdt. Die Urne links kommt aus Frankreich und hat einen Seihbehälter aus Metall und eine Lade für die Holzkohlenglut. Aus der Bramah-Sammlung. Die Urne rechts stammt aus Italien und gehört zur Lavazza-Sammlung, Turin.

4

5

Eine Form, in der man das Vorbild der Urne kaum noch wiedererkennt, war der hohe, zylindrische Boiler, der auf einem rechteckigen, kunstvoll durchbrochenen Rechaud saß. In Mode war er vor allem gegen Ende des 18. und zu Beginn des 19. Jahrhunderts. Er bestand in den meisten Fällen aus Zinn und war mit leuchtenden Japanlackfarben verziert. Die exotische Ornamentierung übernahm man von fernöstlichen Kunstobjekten mit Lackmalerei, die man aus China und Japan einführte.
Geschmackvoll sind vor allem die Kaffeeurnen, die in Pontypool von der Handwerker-Sippe Allgood angefertigt wurden. Sie sind zwar sehr selten, aber viele, von anderen Silberschmieden geschaffene Geräte aus jener Zeit sind erhalten geblieben. Das heißt allerdings nicht, daß sie billig sind.
Schon das verwendete Edelmetall macht sie teuer. Das Sammeln ist nicht nur kostspielig, man braucht zudem viel Platz.

6 - Zweistufige Sheffield-Urne von 1795 für die Zubereitung von Kaffee und Tee. Das heisse Wasser kam von einem Zapfhahn im drehbaren oberen Teil und konnte in drei getrennte Seihbehälter — jeder mit eigenem Zapfhahn — geleitet werden. Der Buchstabe C über dem Zapfahn zeigt den Mahlgutbehälter an. Die beiden übrigen Behälter waren für grünen und schwarzen Tee gedacht. Das Wasser wurde durch einen erhitzten Metallblock in einer Ummantelung im oberen Teil heiss gehalten.
Urnen mit geriefelter Oberfläche wurden dreissig Jahre später in Deutschland unter dem Namen ***Melonenkannen*** *vertreiben. Aus der Bramah-Sammlung*

6

7

7 - Berühmte Karikatur von Du Maurier. Der Bischof fragt den Pfarrer, ob ihm sein Frühstücksei schmecke. "Teilweise ist es ausgezeichnet, Milord", antwortet der Geistliche. Auf der Frühstückstafel der besseren Kreise prangte zumeist eine grosse Kaffeeurne.

8 und 9 - Zwei klassizistische englische Kaffeeurnen aus dem 19. Jhdt. Erhitzt wurden sie durch einen ummantelten, heiss gemachten Eisenblock in der Gefässmitte.

10 - George Sharpes patentierte Kaffeeurne von 1827. Das verbesserte Modell lieferte heisses Wasser und Kaffee.

11 - Patentzeichnung John Tuckers aus dem Jahr 1835. In der Urne befindet sich ein zweites Gefäss, in das man nach Belieben heisses Wasser giessen konnte. Wieviel benötigt wird, zeigt ein Schwimmer an.

12 - Eine Kaffeeurne von William Padley aus Sheffield. Zum Patent angemeldet 1877. Sie besitzt eine Luftummantelung.

8

9

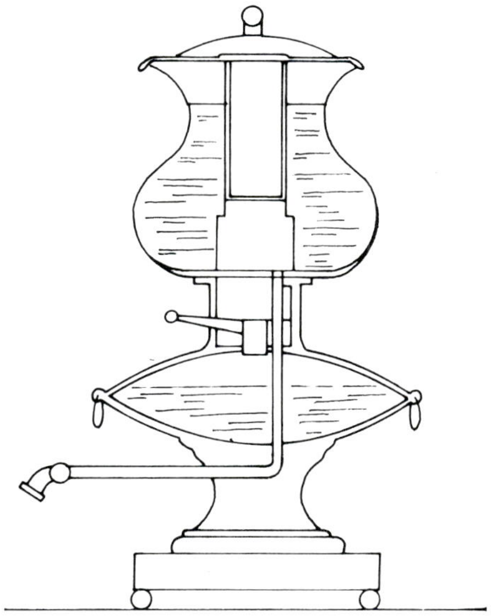

10

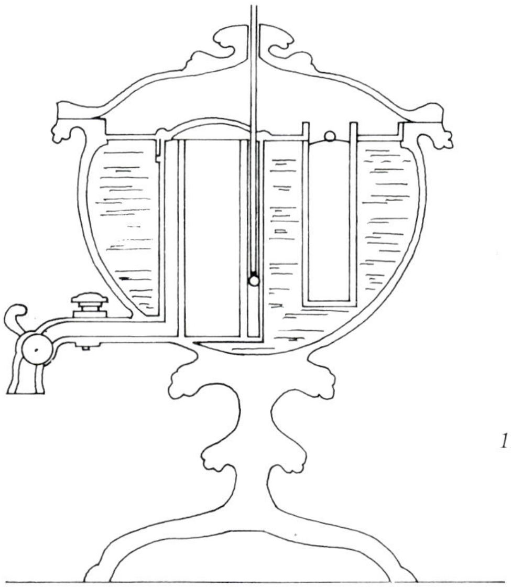

11

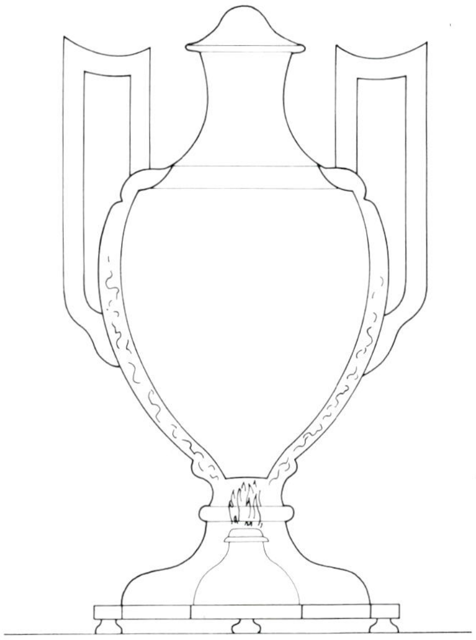

12

13

15

14

13 - Englische Kaffeeurne aus dem 19. Jhdt. Sie ist galvanisch plattiert worden. Aus der Bramah-Sammlung.

14 - Fassförmige Kupferurne aus England. Etwa um 1810 von John Tyler angefertigt. Aus der Bramah-Sammlung.

15 - Napoleons Kaffeeurne, 1815 auf dem Schlachtfeld von Waterloo gefunden. Mit freundlicher Genehmigung des Direktors des Nationalen Armeemuseums, London.

DIE FRANZÖSISCHE SEIHKANNE

Als Donmartin 1763 einen Ring mit einem Leinensäckchen in den Hals einer Kaffeekanne einpaßte, hatte er im Grunde die französiche Seihkanne erfunden, die bis heute gebräuchlich ist.

Seihkannen wurden schon 1795 in England hergestellt.
Da sie in Frankreich vermutlich bereits vor der Französischen Revolution weit verbreitet waren, gelangte die Idee mit den französischen Refugiés nach England. Das in Bradburys History of Old Sheffield Plate abgebildete Exemplar ist überaus kunstvoll gearbeitet. Es ist eine Kombination von einer Teekanne und einer zweistufigen Kaffeekanne auf einem Fuß mit einem Spiritus-Rechaud. Dem Gerät haftet nichts Experimentelles mehr an.

Die Popularisierung der Seihkanne schreibt man Jean Baptiste de Belloy, dem damaligen Erzbischof von Paris und bekannten Feinschmecker, zu. Angeblich soll er sie auch konstruiert haben. Feststeht, daß sie nach ihm benannt wurde.
Der Erzbischof, der von 1709 bis 1808 lebte, vertrat die Ansicht, daß man den Kaffee keinesfalls kochen dürfe, da sonst der Geschmack darunter leide. Die *De Belloy*-Kanne bestand aus zwei Teilen: Ein Sieb bildete den Boden des oberen Teils, während der untere einen mit einem Stöpsel verschließbaren Schnabel besaß. Man schüttete

1

1 - Querschnitt der Rumford-Kanne. Sie ist doppelwandig und hat einen Raum dazwischen (f). Dieser wurde bei (g) mit heissem Wasser gefüllt, das als Isolierung für den Kaffee diente.

gemahlenen Kaffee in den oberen Teil und verdichtete ihn mit einem Klopfer.
Dadurch wollte man vermeiden, daß das heiße Wasser zu schnell durchlief und zu wenig Geschmacksstoffe herauslöste.

Das Filtern wurde noch dadurch verlangsamt, daß die Luftsäule im unteren, durch den Stöpsel verschlossenen Teil nicht so schnell entweichen konnte. Wenn das Mahlgut genügend durchfeuchtet war, entfernte man den Stöpsel, und der Kaffee tröpfelte durch die Mahlgutschicht in die untere Kanne.

Die Seihkanne fand in Frankreich nicht nur bei der Bevölkerung, sondern auch bei den Handwerkern großen Anklang, da sie sich aus Silber,

Kupfer, Zinn, aber auch aus Ton herstellen ließ. Es gab kleine goldplattierte Kannen, aber auch größere, die zumeist verzinnt waren. Nicht wenige Seihkannen waren, vor allem auf dem Lande, über ein Jahrhundert in Gebrauch. Abhängig von der Mode gab es Kannen mit getriebenen, eingravierten oder durchbrochenen Ornamenten. Sie paßten sich den klassizistisch geraden Linien des Empire-Stils ebenso an wie der Schlichtheit des biedermeierlichen Ideals.

In England setzten sie sich nicht durch. Die Engländer hingen nun mal an der vertrauten bauchigen Form ihrer Teekannen. Alles andere, vor allem nach den Napoleonischen Kriegen, fanden sie fremdländisch. Napoleon vergällte den Briten das Kaffeetrinken wie ehedem die Bostoner Tea Party den Amerikanern den Genuß von Tee. Die breite Bevölkerung assoziierte den Kaffee mit dem Erbfeind jenseits des Ärmelkanals. Zudem verdrängten ihn die massenhaften Teeimporte der Ostindischen Handelskompanie aus China. Viele Jahre spielte der Kaffee eine unbedeutende Rolle.

Zwar schmeckte der in Seihkannen zubereitete Kaffee ausgezeichnet, aber das Getränk war, da ja Metall ein guter Wärmeleiter ist und das Filtern eine gewisse Zeit

2

2 - Typische zweistufige Seihkanne aus Frankreich. Emailliert und handbemalt. Aus der Mario Felli-Sammlung, Parma.

3 - Französische Seihkannen aus Metall. Die linke ist zinnplattiert, die rechte besteht aus Kupfer und hat Messingbänder. Aus der Bramah-Sammlung.

3

4

4 - Seihkanne aus der zweiten Hälfte des 19. Jhdts. Es handelt sich nicht um eine Silberplattierung. Sie weist auch keinen Herstellernamen auf. Wohl französischer Herkunft. Aus der Bramah-Sammlung.

5 und 6 - Schöne silberne Seihkanne auf einem Ständer mit Rechaud. 1831 von "Weber" in München angefertigt. Mit freundlicher Genehmigung der Ursula Becker-Sammlung, Köln.

5

6

7

7 - Kupferne Seihkanne aus dem frühen 19. Jhdt. Ursprünglich gehörte ein Spiritus-Rechaud dazu. Sie könnte Teil einer zweistufigen Kaffeeurne — siehe Kapitel II — gewesen sein. Aus der Bramah-Sammlung.

8

8 - Aus England stammende kupferne Seihkanne mit einem Fassungsvermögen von sechs kleinen Tassen. Tülle und Henkel zeigen die Stilmerkmale von 1820, die wiederum auf das 18. Jhdt. verweisen. Aus der Bramah-Sammlung.

beansprucht, zumeist lauwarm. Seihkannen aus Zinn oder Kupfer konnte man auf dem Küchenberd wieder aufwärmen. Silberkannen für den Eßtisch bekammen einen Dreifuß mit einem Spiritus-Rechaud. Doch direkte Hitze minderte das Aroma. Eine Lösungsmöglichkeit war, die beiden Seihkannenteile zu isolieren. 1806 erwirkte ein Blechschmied namens Hadrot ein Patent für eine Seihkanne, "die Kaffee filterte, ohne daß er köchelte und sein Aroma sich verflüchtigte".

Das französische Patentrecht geht auf das Jahr 1791 zurück, auf die kurze, von Optimismus geprägte Zeitspanne vor der Schreckensherrschaft. Die Industrielle Revolution, die in England und Teilen von Nordeuropa schon weit fortgeschritten war, hatte in Frankreich kaum begonnen. Ein freies Unternehmertum, das nicht der Gängelung der übermächtigen staatlichen Manufakturen ausgesetzt war, die nur Luxusgüter von hoher Qualität für die vermögenden Schichten produzierten, hatte sich aus Kapitalmangel und wegen der hohen Steuern nicht entwickeln können. Der Schutz der Patente nach englischem Vorbild sollte zum Aufschwung der französischen Industrie führen. Aber es dauerte noch Jahre, bis Erfinder daraus Nutzen ziehen konnten.

9

10

9 - Benjamin Thompson, der aus Amerika stammende Abenteurer mit wissenschaftlichen Ambitionen, besser bekannt als Graf Rumford, Erfinder einer Seihkanne mit Wasserummantelung und Autor einer 1812 veröffentlichten Abhandlung über "Die hervorragenden Qualitäten des Kaffees und die Kunst seiner Zubereitung in höchster Perfektion". Er verfocht nicht ohne Erfolg die Ansicht, dass man Kaffee nicht aufkochen lassen dürfe. Mit freundlicher Genehmigung des Präsidenten und Vorstands der Royal Society, London.
10 - Französischer Druck mit dem Titel "Chacun son tour" aus dem frühen 19. Jhdt.

In England beliefen sich damals die Patentierungskosten auf gut 150 Pfund, eine Summe, die ein Handwerker in drei Jahren verdiente. In Frankreich waren die Kosten annähernd ebenso hoch. Die Erfinder von Kaffeezubereitungsgeräten in den ersten Jahrzehnten des 19. Jahrhunderts waren hauptsächlich Handwerksmeister mit einem prosperierenden Betrieb und siche Mams'cript Lehrlinge. Sie konnten Geräte in reichlicher Menge herstellen, so daß die Produktion profitabel war. In Paris waren sie in einem kleinen Viertel nördlich der Seine zu Hause. Da die Konkurrenz groß war und manche Neuheit sogleich kopiert wurde, boten Patente in der Praxis nur einen geringen Schutz.
Gerichtlich gegen einen Patentdiebstahl vorzugehen, war auch damals ein langwieriges und kostspieliges Unterfangen. Die meisten Patente erloschen ohnehin nach ein paar Jahren.
Trotzdem muß eine Patentierung von kommerziellem Nutzen gewesen sein. Denn von 1800 an sind Neuentwicklungen stets mit dem Erfindernamen, dem Herstellungsdatum und einem Patent verbunden. Vierzig Jahre lang war die Cafetière ein typisches Produkt aus Paris. Von wenigen Ausnahmen abgesehen, wurden die Kannen rund um die Rue Montmartre hergestellt.

Die Seihkanne von Hadrot war doppelwandig, besaß ein verstärktes Sieb und einen durchlöcherten Presser, den man in der Kanne beließ, wenn man heißes Wasser einfüllte, damit das Mahlgut gleichmäßig benetzt wurde. Das war schon ein großer Fortschritt. Aber einem exzentrischen Amerikaner, einem Abenteurer namens Thompson, besser bekannt unter dem Namen Graf Rumford, fiel 1809 eine Verbesserung ein.

11

12

Benjamin Thompson wurde 1753 in Massachusetts geboren. Nachdem er einige Jahre als Verkäufer in Salem zugebracht hatte, legte er den Grundstein für seine spätere Karriere, als er neunzehn Jahre jung eine um zehn Jahre ältere reiche Witwe heiratete. Mit ihrem Geld konnte er den Rang eines Majors in der Miliz von New Hampshire erwerben. Doch nach Ausbruch der Amerikanischen Revolution verdächtigte man ihn, ein Spion der britischen Kolonialregierung zu sein. Er wurde denn auch bald darauf Oberstleutnant im englischen Regiment *The King's American Dragoon Guards* und verließ 1776 Hals über Kopf seine Frau und seine Heimat. In London, wo er von dem zeitweise geistesverwirrten König — es war Georg III. — geadelt wurde, beschäftigte sich sein reger Geist mit Schiffskonstruktionen, der Herstellung unsichtbarer Tinte, mit ballistischen Problemen und der wirkungsvollsten Zusammensetzung von Schießpulver. Nebenbei spionierte er vermutlich für die Franzosen.

1791 kam er nach München, wo er binnen kurzem zum mächtigsten Mann nach dem Kurfürsten Karl Theodor emporstieg. Seine Karriere prägte eine Mischung von Forscherdrang und unbeirrbarer Philantropie, was ihm viele Feinde einbrachte. In München trieb er die vielen Bettler in Arbeitshäuser, wo sie Uniformen und Schuhwerk fürs bayerische Heer anfertigen mußten. Die Moral der Soldaten suchte er mit der von ihm erfundenen Rumford-Suppe, einem Gemüseeintopf, zu heben. Zugleich hielt er die Soldaten dazu an, sich ihr Gemüse selbst anzubauen, was freilich deren Unwillen erregte. Um den soldatischen Gemüseanbau zu fördern, schuf er auf dem Gelände des kurfürstlichen Jagdreviers den Englischen Garten, den es heute noch gibt.

Wegen seiner Verdienste wurde er zum Reichsgrafen von Rumford ernannt. Den Namen entlehnte er der Heimatstadt seiner Frau in New Hampshire. Er begann sich für Physik zu interessieren und führte eine Reihe von Experimenten durch, die zum besseren Verständnis thermodynamischer Phänomene führten. Später ließ er sich in London nieder, wo er 1800 die heute noch existierende Royal Institution gründete.

1803 zog es ihn nach Paris, wo er jedoch — als Oberst der englischen Armee, Glücksritter und Doppelagent mit langjähriger Erfahrung — Napoleon einen Beweis seiner ehrbaren Absichten und

13

14

15

11 und 12 - Grosse zinnplattierte Seihkannen aus Frankreich, wie sie auf Bauernhöfen und in Cafés in Gebrauch waren. Aus der Bramah-Sammlung.

13 - Prachtvolle silberne Kaffeekanne, 1818 von Jacob Krautauer in Wien hergestellt. Jacobs Suchard-Museum, Zürich.

14 und 15 - Zwei Abbildungen einer galvanisch plattierten Seihkanne aus den 20er Jahren unseres Jahrhunderts. Das untere Bild zeigt den Mahlgutbehälter, den Mahlgutpresser und den Wasserverteiler. Aus der Bramah-Sammlung.

profranzösischen Gesinnung liefern sollte. Reichsraf Rumford ehelichte die reiche Witwe des groβen französischen Chemikers Lavoisier, der 1794 guillotiniert worden war. Der Verbindung war allerdings kein Glück beschieden.

Eine seiner bleibenden Leistungen war die Rumford-Kaffeekanne, die er entwickelte, um den Kaffeeverbrauch zu steigern und die Trinkfreudigkeit der Franzosen einzudämmen.
Im Grunde handelte es um die Abwandlung eines bereits verwirklichten Konzepts. Rumford scheint wirklich ein Kaffeekenner gewesen zu sein. Seine Maximen gelten auch heute noch. Er bestand darauf, daβ das Wasser frisch sein müsse, der Kaffee niemals kochen dürfe und aufsteigende Aromadüfte nicht entweichen, sondern im aufgebrühten Kaffee wieder eingefangen werden sollten. Ihm war bereits klar, daβ flüchtige aromatische Öle den eigentlichen Kaffeegeschmack ausmachen. Deswegen sei auch aufgewärmter Kaffee, wie er in einem Aufsatz über die Qualitäten des Kaffees anmerkte, etwas Ungenieβbares.

Das Besondere an der Rumford-Kanne war, daβ das Innengefäβ — die Kanne war doppelwandig — von Wasser umspült wurde. Es war im Grunde eine Variante des *Bain-marie,* des Wasserbadtopfes, in

16 - Hubert-Félix Palluy, ein Pariser Lampenmacher, reichte 1828 diese Patentzeichnung einer zweistufigen Seihkanne ein. Der Spiritus-Rechaud befindet sich zwischen den beiden Behältern. Mit dem Knopf neben dem Henkel löst man den Durchfluss des Wassers auf das Mahlgut und in den unteren Teil aus.

17 - Eine dreistufige Kanne, wie sie in Deutschland und Österreich sehr beliebt war. Der Spiritus-Rechaud erhitzt das Wasser im mittleren Behälter. Über einen Innenzylinder wird die heisse Luft zum Milchwärmer geleitet. Kocht das Wasser, wird es durch das Mahlgut und das Sieb in den unteren Behälter, der als Kanne dient, geleitet. Es handelt sich um die 1838 eingereichte Konstruktion des Frankfurter Erfinders Koch. Ähnliche Modelle wurden zur gleichen Zeit auch in Paris und Wien patentiert.

18 - Patentzeichnung einer ausnehmend hübschen Kaffeekanne, die Alexandre Lefranc, Goldschmied und Juwelier in der Rue Taitbout in Paris, 1829 einreichte. Das Modell war entweder silber- oder goldplattiert im Handel. Der Clou daran war der kippbare Rechaud, der seine Stellung behielt, wenn man Kaffee ausschenkte.

16

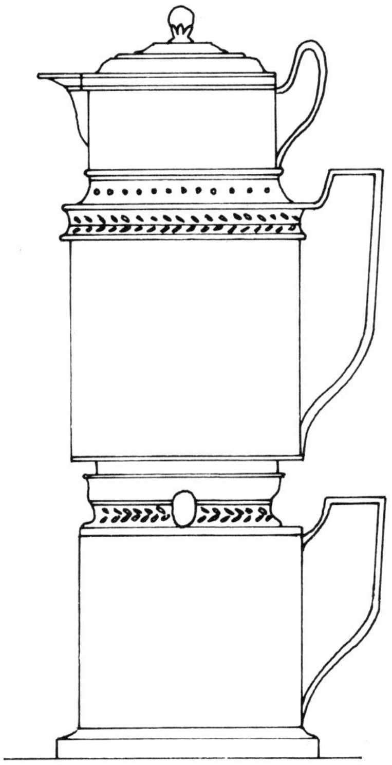

17

18

19

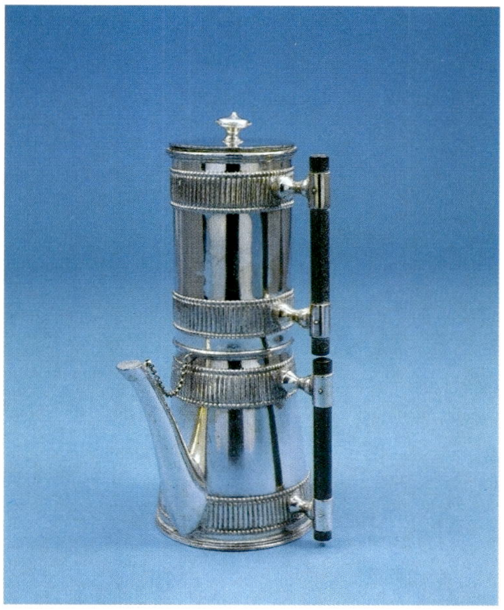

20

21

19 - Typische französische Seihkanne, die in den Vereinigten Staaten unter dem Namen **Karlsbader** *oder* **Böhmishce Kaffeekanne** *bekannt war. Sie eignete sich vorzüglich für die Zubereitung von kleinen Mengen Kaffee. Das Sieb sass zwischen dem oberen und unteren Teil. Der Wasserverteiler war unter dem oberen Rand und leitete das heisse Wasser gleichmässig über das Mahlgut. Das Sieb dieser Keramikkannen hatte zumeist feine Schlitze. Das Modell war in Europa weit verbreitet, nur in England war es selten, weil da in den Restaurants der Kaffee bereits gefiltert in einer Kanne serviert wurde.*

20 - Eine Kanne aus den 30er Jahren, aber in einer Form, wie sie vor hundert Jahren üblich war. Die Henkel hingegen entsprechen wieder dem damaligen Zeitgeschmack. Nickelplattiert. Aus der Bramah-Sammlung.

21 - Kanne mit Sheffieldplattierung auf einem Ständer mit Rechaud und einem zentralen Behälter, der das Mahlgut enthält. Frühes 19. Jahrhundert. Aus der Ursula Becker-Sammlung, Köln.

dem man etwa Soßen zubereitete. Die Universität von Harvard besitzt ein Originalexemplar der Rumford-Kanne zusammen mit seiner Hinterlassenschaft von Schriften und sonstigen Notizen.

In England fand die Seihkanne keinen großen Anklang. Dortzulande hatte sich die urnenförmige Kanne fest etabliert. Außerdem konkurrierte da der Kaffee ziemlich erfolglos mit dem Tee. In Deutschland und Österreich hingegen bürgerte sich die Seihkanne allenthalben ein. Sie bekam noch einen Milcherhitzer, der obenauf saß. Um bei diesem Arrangement die Hitze bestmöglich auszunützen, installierte man den Spiritus-Rechaud nicht unter der eigentlichen Kaffeekanne, sondern ein "Stockwerk" höher. Das Wasser befand sich in einem Boiler mit einem Luftabzug in der Mitte, durch den die heiße Luft zum Boden des Milchgefäßes gelangte.

Aber zurück nach Paris. Dort entwickelte 1819 ein gewisser Morize kippbare Varianten des Modells. Der untere Teil der Seihkanne war der Wasserboiler, der obere die eigentliche Kaffeekanne, die allerdings auf dem Kopf stand. Wenn nun das Wasser kochte, wurde das Ganze geschwenkt. Das heiße Wasser tröpfelte durch das Mahlgut, das sich zwischen zwei Filtern befand. Danach entfernte man den Boiler und das Filtersegment. Übrig blieb die gefüllte Kaffeekanne.

Die Seihkanne war sozusagen das Bindeglied zwischen der schlichten Kaffeekanne und den späteren Kaffeemaschinen. In all den Jahren hatte man aus den verschiedenen Konstruktionen viel gelernt. Der nächste Entwicklungsschritt bestand nun darin, daß man versuchte, das kochende Wasser in einem Zylinder hochsteigen zu lassen. Damit hatte man die Urform des ersten *Perkolators* erfunden.

22 - Darstellung der Belloy-Kanne mit Filterbehälter und Presser, wie sie um 1800 gebräuchlich war. Wenn man heisses Wasser eingoss, blieb der Verschluss zu. Der Kaffee blieb im oberen Teil des Gefässes, bis der Extrakt stark genug war. Dann wurde der Korken entfernt, damit der Extrakt durch den Filter lief.

23 - Seihkanne entworfen von Christopher Dresser, hergestellt 1886 von Heath & Middleton, London. Jacobs Suchard-Museum, Zürich (23, 25).

22

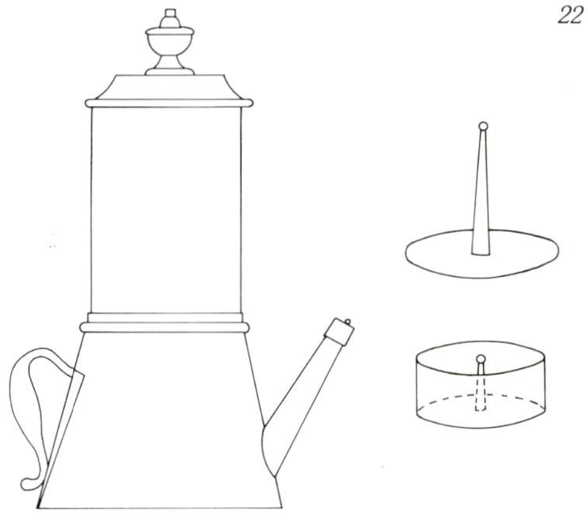

23

24

24 - *Eine Familie im Café. Der Kellner im Hintergrund demonstriert seine Geschicklichkeit beim Einschenken. Griff und Tülle der Kanne stehen im rechten Winkel zueinander.*

25 - *Kaffee-Service. Entworfen von Kate Harris, hergestellt 1900 von Hutton & Sons, London. Jacobs Suchard Museum, Zürich.*

25

DIE ERSTEN PERKOLATOREN

Ob man nun filtert oder perkoliert, das Ziel bleibt das gleiche. Aber ein Perkolator ist von der Funktion her anders als eine Filterkanne. Ein Perkolator besitzt einen Zylinder, durch den das Wasser emporsteigt und dann auf das Mahlgut trifft. Wenn Wasser erhitzt wird, dehnt es sich aus, die Luftsäule darüber gleichfalls. Da es sich nicht anderswo ausdehnen kann, steigt es in dem Zylinder nach oben. Grundsätzlich gibt es zwei Arten von Perkolatoren, die sich folgendermaßen unterscheiden:

1. Wenn sich in einem offenen Behälter, der von unten erhitzt wird, ein Zylinder befindet, steigt das heiße Wasser in ihm portionsweise empor und fließt oben ab. Da der Behälter nicht abgedeckt ist, verläuft der Prozeß zwar stetig, aber nicht stürmisch.
2. Befindet sich der Zylinder in einem sonst hermetisch verschlossenen Behälter, bewirkt der Druck der erhitzten Luft, daß die gesamte Wassermenge in einem Zug durch den Zylinder abfließt.

Der Erfinder des Kaffee-Perkolators war der Pariser Blechschmied Laurens. Was er ausgetüftelt hatte, scheint ein Perkolator vom erstgenannten Typ gewesen zu sein. Da sich sein Modell von der herkömmlichen Kaffeekanne augenfällig unterschied, dauerte es einige Zeit, bis sich solche Geräte durchsetzten. Erst in unserem Jahrhundert haben sie sich allenthalten fest etabliert.

Um 1820 entwickelte ein weiterer Franzose, Gaudet mit Namen, einen Perkolator, der einen akzeptablen Kompromiß darstellte. Sein Gerät besaß zwei Filter — zwischen denen das Mahlgut ruhte — mit jeweils einem kurzen Zylinder in der Mitte. Wenn man die Filter aufeinanderpaßte, bildeten diese das Steigrohr. Das kalte Wasser wurde vorsichtig durch das Rohr in den unteren Teil gegossen, bis der Wasserspiegel den Boden des unteren Filters erreichte. Wenn nun das Wasser erhitzt wurde, stieg es in dem Zylinder empor, tropfte auf das Mahlgut, das auch von unten benetzt wurde. Ein Stöpsel in der Tülle der Kanne bewirkte, daß der Luftdruck stieg.
Erwähnt wird noch ein Seihtuch, das über das Metallsieb gespannt wurde und das Eindringen von Mahlgut in den Kaffee verhindern sollte. Das bringt uns auf das Problem, das allen Tropfsieben anhaftet. War der Kaffee fein gemahlen, damit er stark wurde, gelangte Satz durch das Sieb in den Extrakt.
War das Mahlgut so grobkörnig, daß es nicht durch das Sieb gespült werden konnte, war der Kaffee dünn. Deswegen verwandte man bis zum Aufkommen von Filterpapier zumeist Seihtücher aus Leinen.

Aber eigentlich war ein

1

2

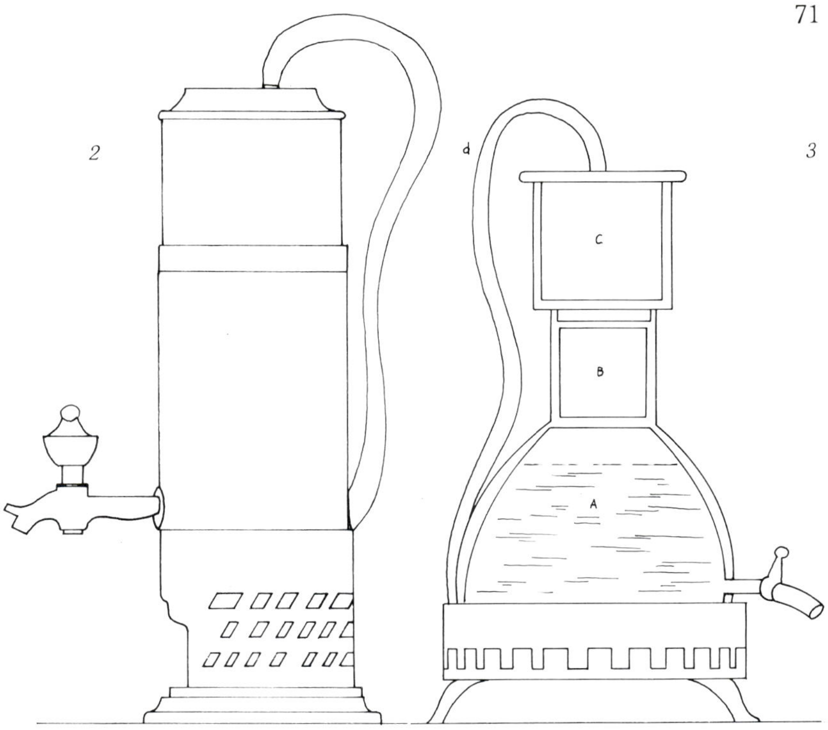

3

5

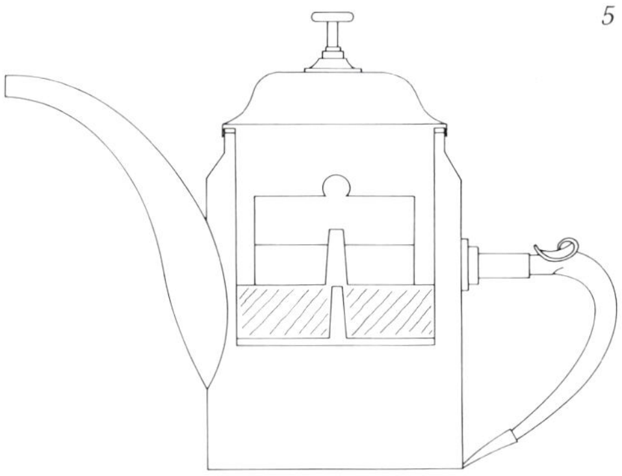

4

1 - Französischer Perkolator, 1819 von Laurens angefertigt. Es war die erste Kaffeekanne, bei der das Wasser auf dem Herd erhitzt wurde und sodann durch einen Innenzylinder emporstieg.

2 und 3 - Zwei aus dem Jahr 1827 stammende Modelle eines Perkolators mit aussen befindlichem Steigrohr. Links: ein französisches Modell. Rechts: Entwurf des Engländers Jones of the Strand.

4 - Kupferner Perkolator von Jones. Aus der Bramah-Sammlung.

5 - Gaudets Kanne von 1820, bei der das erhitzte Wasser über die Innenzylinder zum Mahlgut gelangte.

Perkolator der zweiten Art vonnöten, in dem das kochende Wasser nach oben stieg, das Mahlgut extrahierte und danach als Kaffee in den unteren Behälter ablief. Das war technisch gesehen zwar machbar, aber dann mußte man auch das Gerät zum richtigen Zeitpunkt von der Wärmequelle entfernen, um zu verhindern, daß nun der Extrakt zu kochen begann und seinerseits nach oben stieg.
1827 entwickelte Nicholas-Félix Durante, ein Fabrikant aus Chalons-sur-Marne, ein Gerät mit einem im richtigen Moment von selbst erlöschenden Spiritus-Rechaud. Leider war die Mechanik allzu kompliziert.

Während man in England Maschinen entwickelte, mit denen man die Industrielle Revolution vorantrieb, verlegten sich die findigen Franzosen auf die Automation. Das mechanische Spielzeug und

6

7

8

6 und 7 - Ein Perkolator, bei dem das heisse Wasser über den zylindrischen Henkel zum Mahlgut geleitet wird. Der Vorteil bestand darin, dass der Mahlgutbehälter nicht mit einer Dichtungsmanschette versehen sein musste, durch die das Perkolatorrohr hindurchgeführt wurde. Es handelt sich nicht um einen stetig pumpenden Perkolator. Das gesamte Wasser drang auf einmal durch den Henkel nach oben, worauf das Gerät unverzüglich von der Wärmequelle entfernt werden musste, damit der Boden nicht durchbrannte. Aus der Bramah-Sammlung.

8 - Englischer kupferner Perkolator mit Innensteigrohr aus dem letzten Drittel des 19. Jhdts. Aus der Bramah-Sammlung.

die Musikautomaten, die im 18. Jahrhundert entstanden, sind wahre Wunderwerke, was die ausgeklügelte Mechanik angeht. Durants Kaffeemaschine entsprach dieser Tradition. In der ersten Phase der Kaffeezubereitung war die Abdeckung des Spiritus-Rechauds geöffnet. Wenn dann das kochende Wasser durch den Zylinder nach oben stieg, setzten die Wassertropfen einen komplizierten Mechanismus aus Federn, Ventilen, Haken und Auslösebügeln in Bewegung, der die Rechaud-Abdeckung ausklinkte. Sobald sich die heiße Luft abkühlte, tröpfelte das Wasser durch das Mahlgut in den Boiler. Dem Gerät sieht man es an, daß da jemand jahrelang daran herumgetüftelt hat. Doch der Erfinder scheint des Guten zuviel getan zu haben. Nach der Patentierung stellte Durant fest, daß sein Werk allzu störanfällig war und nicht zuverlässig funktionieren würde. Daraufhin überließ er es Louis-François Capy, einem Lampenmacher in Paris.

Capy entschlackte den Mechanismus und brachte eine annehmbare Lösung zuwege.

Bei seinem Gerät wurde die Abdeckung des Spiritus-Rechauds durch das Gewicht des kalten Wassers im Boiler offengehalten. Wenn schließlich das heiße Wasser durch den Zylinder nach oben floß, drückten Federn den leeren Boiler hinauf, worauf die Abdeckung ausrastete.

Das war die erste automatische Kaffeemaschine.

Eine simplere Konstruktion verkaufte um diese Zeit ein Mr. Jones aus dem Londoner Stadtteil *The Strand.* Bei seinem Perkolator konnte man den Zylinder aus dem unteren Behälter herausnehmen und durch den Deckel des oberen Behälters wieder hineinstecken. Das kochende Wasser dringt durch ein Ventil in dessen Boden und durch das Mahlgut ein. Der Franzose Jacques-Augustin Gandais ließ 1827 eine Cafetière patentieren, die gleichfalls ein Ventil zwischen den zwei Kannenteilen aufwies. Es läßt sich nicht sagen, welches Modell früher entstand. Vielleicht sind beide nur eine Kopie einer bereits existierenden Konstruktion. Der Perkolator von Jones war jahrelang bei der englischen Mittelklasse überaus beliebt. Da Gandais als Hersteller von goldplattierten Geräten bezeichnet wird, mag sein kleiner Perkolator ziemlich teuer gewesen sein.

Die ersten aus Kupfer oder Bronze angefertigten, kunstvoll ornamentierten Perkolatoren waren durchaus brauchbare Cafetièren, die, sofern man die Konstruktionsprinzipien befolgte, Kaffee lieferten, der nicht zum Aufkochen kam. Aber es waren nicht die einzigen Geräte auf dem Markt. Wer einen stärkeren Kaffee vorzog und gute Nerven hatte, versuchte sein Glück mit einer "Dampfdruckmaschine".

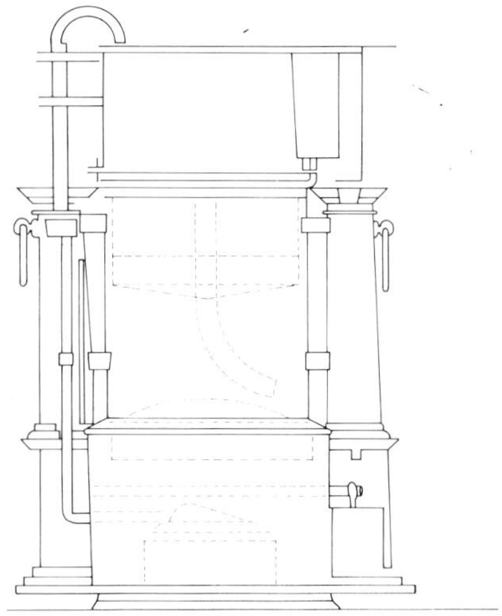

9

10

9 - Durants allzu komplizierter Perkolator von 1827. Er bestand aus so vielen Einzelteilen, dass der Erfinder zu deren Bezeichnung nahezu das gesamte Alphabet benötigte. Das heisse Wasser stieg durch das gekrümmte Rohr zum oberen Behälter und setzte dabei einen Mechanismus in Gang, dessen einziger Zweck die Abdeckung des Spiritus-Rechauds war.

10 - 1829 von Laurey in Paris hergestellter Perkolator. Das kalte Wasser wurde in den Raum zwischen dem Innen- und Aussenbhälter eingefüllt. Wenn es kochte, stieg es durch den Perkolatorzylinder nach oben zum Innenbhälter mit dem Mahlgut. Der Boiler mit der heissen Luft diente dann als Isolierung.

DAMPFDRUCK-PERKOLATOREN

In einem Perkolator steigt das Wasser infolge des Drucks der erhitzten Luft in einem Steigrohr empor und tröpfelt auf das Mahlgut. Druckkannen, in denen der Dampfdruck das kochende Wasser durch das Mahlgut preßte, wurden erstmals in Deutschland entwickelt. Dort brachte ein Dr. Romershausen, ein überaus produktiver Erfinder, im zweiten Jahrzehnt des 19. Jahrhunderts eine Reihe von Extraktionspressen heraus. Zumeist handelte es sich um große Geräte, mit denen man etwa Hopfen oder Zuckerrüben verarbeiten konnte. Aber zu seiner Produktpalette gehörte auch ein Kaffeezubereiter für den häuslichen Gebrauch. 1822 erwirkte Jean Louis Rabaut in England ein Patent für die gleiche Konstruktion.

In Europa wurden schon damals wissenschaftliche Zeitschriften herausgegeben, in denen man neue Erfindungen samt Konstruktionszeichnungen vorstellte — in London etwa das *Journal of Arts and Sciences* und das *Repertory of Patent Inventions* und in Frankreich das *Bulletin des Sciences Technologiques.* Zu den ersten derartigen Publikationen gehörte das von G. und M. Dingler geleitete und in Stuttgart publizierte *Polytechnische Journal.* Leser bekamen einen guten Eindruck davon, womit sich Erfinder derzeit in Europa beschäftigten. Anderseits erfuhren diese, was ihre Konkurrenten so alles im Schilde führten. Zugleich erleichterten die Zeitschriften den geistigen Diebstahl, was sich vor allem Fabrikanten im Ausland zunutze machten. Ausführliche

1

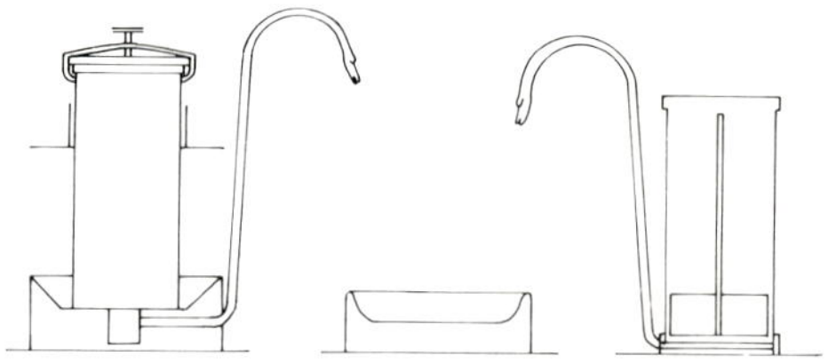

2

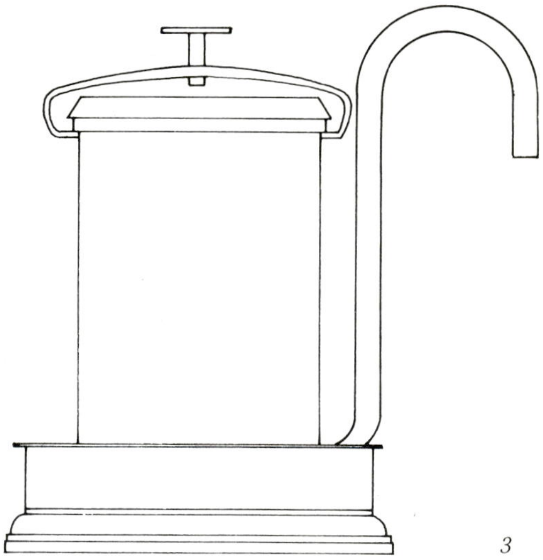

3

1 - Lebruns Dampfdruckkanne neben einer Kaffeemühle. Man beachte den Grössenunterschied.

2 - Französische Patentzeichnung von 1838, die die populäre Lebrunsche Kaffeekanne zeigt. Mit dieser Form wurde sie in Deutschland, Österreich und Italien kopiert. Sie war für die Zubereitung von ein, zwei Tassen Kaffee gedacht.

3 - Die österreichische Version der Lebrunschen Dampfdruckkanne. Erhitzt wurde sie durch Spiritus in dem untertellerähnlichen Gefäss. Damit das Mahlgut nicht aufkochte und die Extraktionszeit nicht allzu kurz ausfiel, konnte man heisses Wasser hinzugiessen. Der Spiritus-Rechaud erzeugte einen nach unten gerichteten Druck, der das Wasser durch das Mahlgut und durch die Tülle nach aussen leitete.

4

5

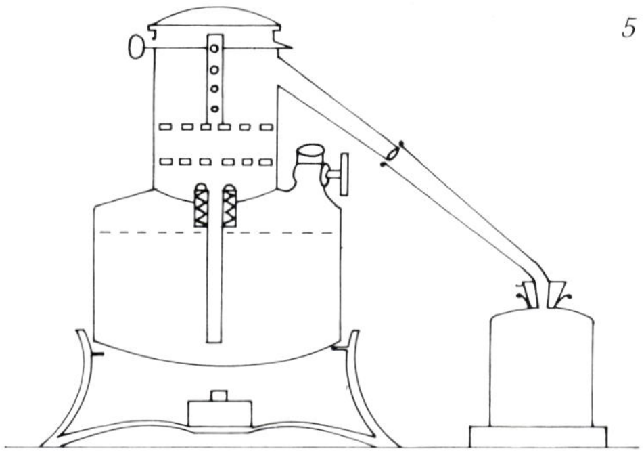

6

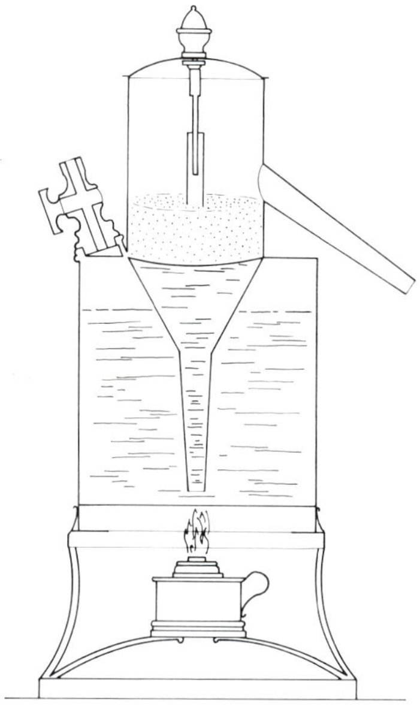

7

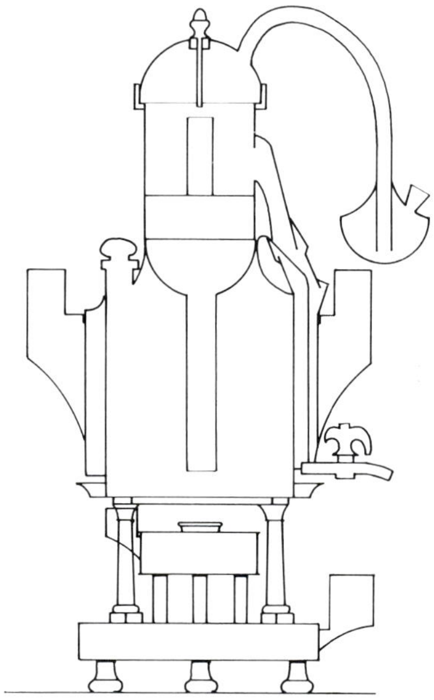

4 - Ein aus Messing bestehendes Modell der Rabautschen Dampfdruckkanne. Aus der Bramah-Sammlung.

5 - Konstruktionszeichnung von Dr. Romershausens Dampdruckgerät, das von den grossen, 1818 in Preussen patentierten Extraktionspressen abgeleitet ist.

6 - Rabauts nahezu identische Konstruktion, die 1822 in London patentiert wurde.

7 - Caseneuves Dampfdruckgerät von 1824. Es funktionierte wie die Geräte von Dr. Romershausen und Rabaut, besass aber einen Zapfhahn am Ende der Ausschenkröhre. Das ganz oben austretende Rohr diente als Sicherheitsventil. Der kleine Wasserkessel darunter verhinderte, dass Luft eindrang und sich mit dem Kaffeedampf vermengte.

8 - Kleine, plattierte Dampfdruckkanne aus England. Unter ihr ist Platz für einen Spiritus-Rechaud. Es handelt sich um eine Abwandlung der Lebrunschen Konstruktion und wurde gegen Ende des 19. Jhdts. angefertigt. Aus der Bramah-Sammlung.

8

Konstruktionszeichnungen von Dr. Romershausens "Extraktionspressen" wurden 1821 im Dinglerschen Journal veröffentlicht. Höchstwahrscheinlich ließ sich Rabaut von so einer Illustration zu seiner Kaffeemaschine anregen.

Woher Rabaut stammte, wo er soviel Deutsch gelernt hatte, daß er eine deutschsprachige technische Zeitschrift lesen konnte, ist unbekannt. Er selbst bezeichnete sich als einen "Gentleman, wohnhaft in der Skinner Street im Londoner Stadtteil Snow Hill". Zweifellos kam er aus Frankreich, da seine englischen Sprachkenntnisse für eine schriftliche Begründung seines Patentersuchens nicht ausreichten. Im letzten Teil der Urkunde heißt es denn auch, daß er die Dienste eines Dolmetschers namens Louis Marie Dessurne in Anspruch nahm, der vor dem Court of Chancery, der zuständigen Behörde, die Richtigkeit seiner Angaben eidlich bestätigte.

Das Gerät ist ohne Zweifel effizient. In Perkolatoren mit einem dicht verschlossenen Behälter fließt das erhitzte Wasser unbehindert durch das Steigrohr. Im Extraktionsgerät von Romershausen muß das kochende Wasser durch die Mahlgutschicht in den oberen Behälter steigen. Von dort gelangt es durchs Ausflußrohr in die Kaffeekanne. Das Getränk, das man so gewann, war überaus stark, weil noch ein weiteres physikalisches Gesetz im Spiel war: Bei erhöhtem Druck liegt der Siedepunkt des Wassers bei über 100°, so daß das Mahlgut nicht nur gesotten, sondern ausgiebig extrahiert wurde. Wem ein starkes, bitteres Gebräu nichts ausmachte, war von dem sparsamen Gerät begeistert. Man brauchte ja viel weniger Kaffee.

Bei der Bedienung so einer Kaffeemaschine und der vielen Nachfolgemodelle mußte man unbedingt die Kraft des Dampfdrucks berücksichtigen. Füllte man kaltes Wasser ein, mußte man zuvor die Dichtungsschraube auf dem Boilerdeckel öffnen und hinterher festziehen, damit in dem luftdicht verschlossenen Gefäß Druck erzeugt werden konnte. Die Heizvorrichtung mußte beim Emporsteigen des heißen Wassers unverzüglich gelöscht oder entfernt werden, damit es nicht infolge eines Überdrucks zur Explosion kam. Die Handhabung des Geräts war also kompliziert. Man

9

10

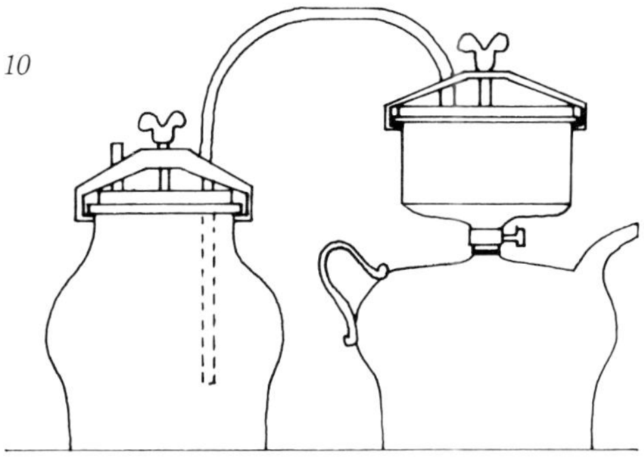

9 - Samuel Parkers Patentzeichnung seiner ***Steam Fountain****, seiner Dampfdruckkanne, aus dem Jahr 1833. Durch den Dampfdruck wird das heisse Wasser aus dem unteren Behälter durch das Mittelrohr und den Mahlgutbehälter mit derartigem Druck nach oben gepresst, dass der Extrakt von der Deckelunterseite abprallt und sich im oberen Gefäss sammelt. Die ersten Geräte Parkers bestanden gänzlich aus verzinntem Kupfer oder Messing. Später erhielten sie einen Glasdeckel, so dass man die Kaffeezubereitung beobachten konnte.*

10 - Eine Konstruktionszeichnung von Cordies aus dem Jahr 1844, mit der er die Möglichkeiten von Dampfdruckgeräten auslotete. Das heisse Wasser steigt durch das Mahlgut empor und der Extrakt sammelt sich im anderen Gefäss. Der Vorteil besteht darin, dass man damit eine grössere Menge Kaffee zubereiten konnte. Bei einem späteren, praktischeren Modell liess sich der Kaffeebehälter vom Gefäss trennen, so dass man auch Kannen von beliebiger Grösse verwenden konnte.

mußte das Mahlgut zwischen die beiden Filter stopfen, den Deckel sichern, damit das Ganze hermetisch verschlossen war, und das Sicherheitsventil auf seine Funktionsfähigkeit überprüfen. Wer eine Kaffeemaschine aus dem 19. Jahrhundert ausprobiert, wird seine Schulkenntnisse von der unwiderstehlichen Kraft des Dampfes auffrischen können. Vorsicht ist unbedingt angebracht.

Der Franzose Caseneuve entwickelte 1824 ein abgewandeltes Modell. Es war so brauchbar, daß das Patent während seiner Gültigkeitsdauer von fünf Jahren respektiert wurde. Doublet und Rouen brachten 1834 ein ähnliches, gleichfalls patentiertes Gerät heraus. In der Einführung zu ihrer Konstruktionsbeschreibung erwähnen sie die Widrigkeiten, mit denen alle Kaffeemaschinenerfinder zu ringen hatten: "Zahllose Versuche haben den Beweis erbracht, daß man Kaffee immer noch am besten dadurch zubereitet, indem man heißes Wasser durch fest zusammengepreßten pulverigen Kaffee dringen läßt. Bislang ist das noch keiner derzeit gebräuchlichen Kaffeemaschine gelungen, weil der Druck des kochenden Wassers, das auf den Kaffee tröpfelt, für eine Durchdringung zu schwach ist, es sei denn, das Mahlgut ist nur leicht komprimiert. Das Problem zu lösen, bereitet Schwierigkeiten, die man wohl nicht so schnell auf eine simple, effiziente und wirtschaftliche Weise wird überwinden können". Auch ihr Modell bewirkte keinen Durchbruch, da das Patent nach drei Jahren erlosch.

Der Mann, der schließlich ein völlig neues Dampfdruckgerät entwickelte, war ein gewisser Samuel Parker, ein Kupferschmied, der in der Argyle Street in London eine Werkstatt hatte.

Verglichem mit den französischen Modellen wirkt Parkers Kaffeemaschine typisch britisch. Sie sieht robust aus, hat nichts Elegantes an sich und macht einen unverwüstlichen Eindruck. Man findet solche Kaffeemaschinen — nicht nur auf Trödelmärkten — heute noch. Mögen auch manche nicht mehr komplett sein, reizvoll sind sie allemal mit ihrem hübsch gearbeiteten Boiler und Deckel aus Messing oder Kupfer und dem Spiritus-Rechaud.

In ihnen wird das kochende Wasser durch den Dampfdruck in den Mahlgutbehälter gepreßt. Parker drückte es so aus: "Ich verlegte den Vorgang, abgesehen vom Aufheizen, in

11

11 - Dampfdruckgefässe mit kuppeligen Glasdeckeln. Sie sind über dem Spiritus-Rechaud kippbar befestigt. Aus der Bramah-Sammlung.

12 und 13 - Aus Kupfer bestehende oder elektroplattierte europäische Modelle der Parkerschen Konstruktion, die im englischsprachigen Raum als ***Vienna Incomparables****, die Unvergleichlichen aus Wien bekannt waren. Das plattierte Gefäss wurde von dem Wiener Richard Emmer hergestellt. Aufgrund ihrer Zuverlässigkeit und der Qualität des in ihnen zubereiteten Kaffees wurden sie um 1900 als* ***Wiener Kannen*** *in England eingeführt.*

14 - In Italien hergestellte und um 1880 auch patentierte Dampfdruckkanne. Aus der Lavazza-Sammlung.

ein Gefäß von der Form einer ganz gewöhnlichen Kaffeekanne, statt den Extrakt in einem Behälter zu erzeugen und ihn dann in die Kaffeekanne oder ein anderes Auffanggefäß fließen zu lassen, wie es bei Rabauts Apparat der Fall ist". Da Parker ein Kupferschmied war, sind seine ersten Geräte gänzlich aus Metall gefertigt. Die späteren Modelle bekamen eine Glaskuppel mit einem Knauf. Bekannt wurden sie unter dem Namen "Parkers Dampffontänen". Sie blieben fast eine Jahrhundert in Gebrauch.

Nach ein paar Jahren verbreitete sich die Konstruktion auch im übrigen Europa, mit Ausnahme von Frankreich, wo man sich auf ungewöhnliche Neuentwicklungen kaprizierte. Vor allem in Deutschland und Österreich fertigte man Geräte nach dem Vorbild der Dampffontänen an. In der zweiten Hälfte des 19. Jahrhunderts hingen sie wie ein Vogelkäfig an einem Metallreifen. Unter dem Markennamen "Vienna Incomparables", die Unvergleichlichen aus Wien, exportierte man sie sogar in die Vereinigten Staaten, wo sie von vielen Frauenzeitschriften wärmstens empfohlen wurden. Sie standen jahrelang im Warenkatalog der Londoner *Army and Navy Stores.* Es gab sie in verschiedenen Größen. Einige Modelle besaßen eine breite Tülle oder einen Zapfhahn. Sie waren in den ersten Jahrzehnten unseres Jahrhunderts noch erhältlich, als man Parker, den Konstrukteur, längst vergessen hatte.

In Paris entwickelte Alexandre Lebrun eine ausgeklügelte kleine Kaffeemaschine, bei der der Dampfdruck nach unten und nicht nach oben wirkte. Das Mahlgut wurde mit einem Stopfer in die Filterbox am Boden des Geräts gepreßt. Man goß das kalte Wasser darauf und schraubte den Deckel fest. Danach ließ man die Sprititusflamme das Gefäß umspielen. Binnen vier Minuten lief der Kaffee von selbst in eine Tasse. Die Druckkanne von Lebrun war Jahrzehnte hindurch sehr beliebt. Sie wurde in Deutschland, Österreich und Italien vertrieben, wo sie, da sie durch kein Patent abgesichert war, kopiert und mit geringen Abänderungen zuweilen auch patentiert wurde.
Die Lebrunsche Kanne mit ihrem schmalen Zylinder ließ sich vielfältig abwandeln. Das zeigt z.B. das 1844 von Cordier patentierte Gerät. Bald spielten Siphonzylinder bei den Neuentwicklungen eine große Rolle. Für einige Zeit wurde die Funktionsweise zweitrangig. Man hatte Glas als Werkstoff entdeckt. Die Cafetière galt als statusträchtige Zierde. Die Entwicklung von neuen Kannen wurde zu einem Spiel, an dem sich alle möglichen Leute beteiligten.

12

13

14

DER GLASBALLON

Um 1830 verbreiteten sich Glasgeräte, wie sie schon seit einigen Jahren in Deutschland gebräuchlich waren, in ganz Europa. Es läßt sich nach so langer Zeit nicht mehr feststellen, wann genau und wo das Glas als Werkstoff Metalle wie Silber oder Kupfer zu verdrängen begann. Die neuen verbesserten Schmelzöfen, die nun mit Kohle statt mit Holz beschickt wurden, führten zur Herstellung von großen Mengen von gepreßten oder geblasenen Glashüttenprodukten, die modisch und erschwinglich waren.

Die ersten französischen Kaffeemaschinen mit einem Glasgefäß besaßen einen metallenen Boiler, von dem aus das kochende Wasser in eine hitzebeständige, geblasene Glasretorte, wie man sie in Laboratorien verwendete, stieg. Man verwendete zwei physikalische Prinzipien: Der Dampfdruck trieb das Wasser nach oben, wo es das Mahlgut extrahierte.
Entfernte man die Heizquelle, kondensierte die Luft in dem Boiler. Es entstand ein partielles Vakuum, worauf die Flüssigkeit durch das Filter angesaugt wurde.

Der von Richard 1838 patentierte Kaffeezubereiter besteht gänzlich aus Glas. Richard hatte ihn, wie er selbst zugab, dem Gerät eines Erfinders in Berlin nachgebaut. Daß der obere Teil vasenförmig war, scheint für deutsche Geräte typisch gewesen zu sein. Obenauf konnte sich noch ein Milchwärmer befinden. Er funktionierte wie ein Perkolator, war aber im Inneren anders gestaltet. Statt eines geraden Mittelrohrs besaß das Gerät einen Trichter, der fast auf der gesamten Basis des Boilers ruhte. Obwohl diese Lösung überaus effizient war, fand das trichterähnliche Steigrohr nicht den gleichen Anklang wie das zylinderförmige.

Der Elsässer Beunat verwendete gleichfalls einen vasenförmigen Glasbehälter. Mority Platow stellte in England einen ähnlichen Kaffeezubereiter her. Seine Kaffeemaschine wurde zu einem Verkaufsschlager und hielt sich jahrelang.
Man kann sie heute noch auf Trödelmärkten in verschiedenen Größen aufstöbern. Die Geräte bestehen aus Kupfer oder Messing. Zumeist ist auch der vasenartige Behälter aus Kupfer und nicht aus Glas. Nicht selten sind sie mit Japanlackfarben bemalt. Da das emporsteigende heiße Wasser sich mit dem Mahlgut vermengte und nicht durchgepreßt wurde und die Temperatur unter dem Siedepunkt lag, wenn der Extrakt durch das Filter lief, war der Geschmack ausgezeichnet. Dieses Modell hatte all die Vorzüge der Dampfdruckgeräte, aber nicht deren Nachteile.

Neben den Kaffeemaschinen

1

1 - Verschiedene Techniken bei der Kaffeezubereitung beflügelten die Karikaturisten. Eine Karikatur aus der Mitte des 19. Jhdts., als Kaffeezubereitungsgeräte aus Glas gross in Mode waren.

2 - Schon um 1830 verwendete man in Deutschland Glasgefässe. Die Entwürfe stammen von dem Berliner Erfinder Loeff. Das kalte Wasser wird im unteren Teil auf dem Herd erhitzt. Es steigt in den oberen Behälter und vermengte sich mit dem Mahlgut. Nimmt man das Gefäss vom Herd, fliesst der Extrakt durch das Sieb nach unten.

3 - Das erste gläserne Kaffeezubereitungsgerät in Frankreich. 1835 von Boulanger patentiert. Sobald das Wasser emporgestiegen ist und sich mit dem Mahlgut vermengt hat, wird der Rechaud entfernt, worauf im Boiler ein partielles Vakuum entsteht und der Extrakt — ohne den Kaffeesatz — angesaugt wird.

4 - Ein 1837 von dem Elsässer Beunat patentiertes Modell. Der deutsche Einfluss zeigt sich im tulpenförmigen oberen Glasgefäss.

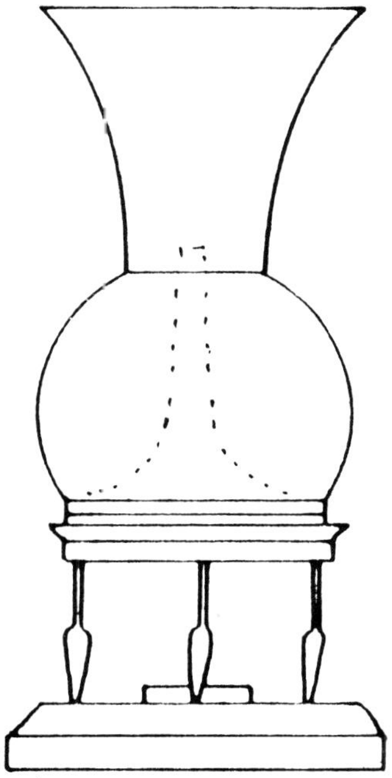

2

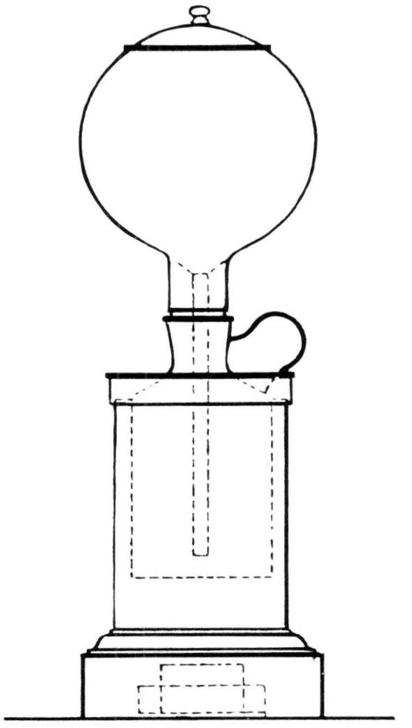

3

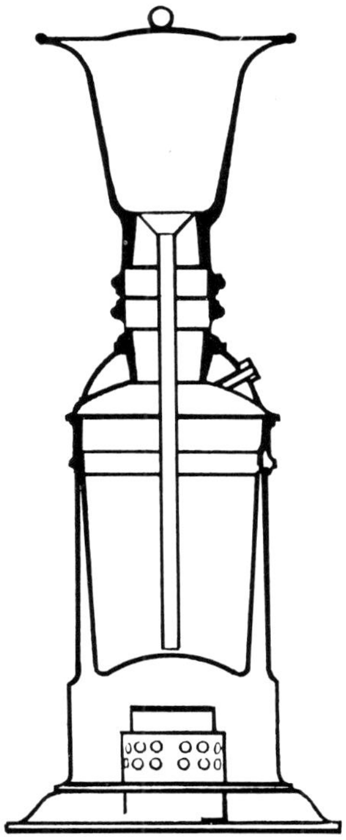

4

mit einem Metallboiler bürgerten sich auch zerbrechlichere Modelle ein, die nach demselben Prinzip funktionierten. In ihrer einfachsten Form bestanden sie aus zwei Glasballonen. Verbunden waren sie mit einem Korken, in dem eine Glasröhre von oberen zum unteren Gefäß lief. Montiert war das Ganze auf einem Sockel.

Zwischen 1840 und 1842 bemühten sich nicht nur Männer, sondern mindestens auch zwei findige Frauen um eine Verbesserung der französischen Glascafetière. Die eine war Mme. Vassieux. Sie war offenbar mit den Schwachstellen der aus zwei Glasgefäßen bestehenden Kaffeemaschine so vertraut, daß sie sich 1841 eine Verbesserung zutraute. In London war über Mme. Vassieux' Patent von 1842 nicht viel zu erfahren.

Da ich mehr über die erfinderische Dame wissen wollte, besorgte ich mir in Paris eine Kopie ihres Patentersuchens. Es ist ein faszinierendes Dokument.

Mme. Marie Fanny Améline Vassieux, geborene Massot, lebte in Lyon. Mit ihrer Verbesserung mußte sie sich zunächst an die dortige Präfektur wenden, bevor ihre Angaben und Konstruktionszeichnungen an das Ministerium für Landwirtschaft und Handel in Paris weitergeleitet werden durften. Der zuständige Beamte, der es mit der resoluten Dame zu tun bekam, notierte in seinem Begleitschreiben: "Verkaufsartikel, die man bisher als Luxuswaren und bloße Bereicherung unserer Lebensweise erachtet hatte, sind mittlerweile unabdingbar. Dazu zählen auch Cafetièren, die sich entweder durch ihre leichte Handhabung, den Geschmack des hergestellten Kaffees, ihre Wirtschaftlichkeit oder ihre elegante Form auszeichnen. Mme. Vassieux blieb es vorbehalten, all diese Eigenschaften in einem Gerät zu vereinen. Die Hausherrin kann fortan den Kaffee auf dem Eßtisch zubereiten und ihren Gästen ein Getränk servieren, das von hoher Qualität und exquisitem Geschmack ist".

"Wenn man bedenkt, daß im Verlauf eines Diners viele Geschäfte abgeschlossen, viele Vereinbarungen getroffen werden, kann so ein Gerät nur zur Verstandesklarheit und seelischen Ausgeglichenheit beitragen".

Mme. Vassieux stattete das untere Gefäß ihrer "Doppelglasballonmaschine" mit einem Zapfhahn aus, so daß man den Kaffee einschenken konnte, ohne das Gerät auseinanderzunehmen. Den bis dahin üblichen Verbindungskorken ersetzte sie durch einen Bleikristallstöpsel. Außerdem zierte den Deckel ein Krönchen.

5

5 - Ein Boiler von Platow. Der Kaffee wurde im oberen Glasgefäss aufgebrüht und zum Ausschenken bereitgehalten. Viele dieser Geräte sind wegen der dekorativen, zuweilen prächtig ornamentierten Kupferboiler und der aus Messing bestehenden Beschläge und Armaturen erhalten geblieben. Einige besassen statt des Glasgefässes einen Kupferbehälter. Das abgebildete Modell weist über dem Zapfhahn eine Messingplakette auf, die besagt, dass der Hersteller auch Hoflieferant war. Aus der Bramah-Sammlung.

Da im selben Jahr ein gewisser Massot wegen einer Verbesserung der herkömmlichen Seidenspinnmaschine ein Patent erhielt, kann man den Schluß ziehen, daß Mme. Vassieux einer Familie von Seidenfabrikanten entstammte. Ihr Mann verdiente vermutlich sein Geld mit der Herstellung

6

7

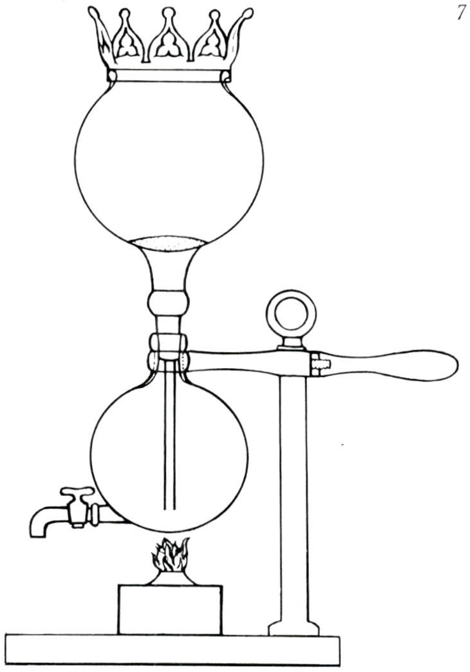

8

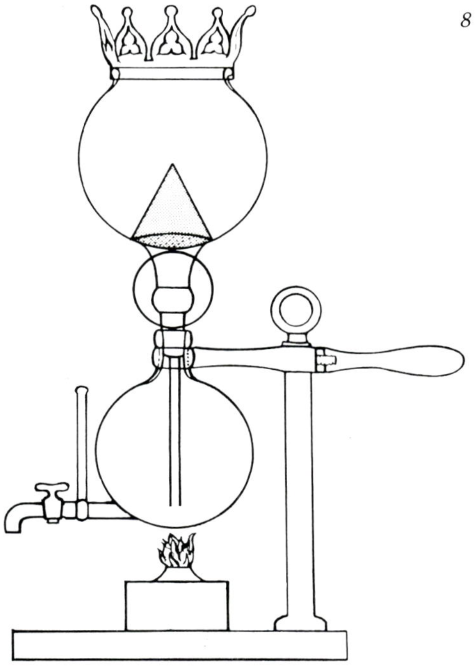

9

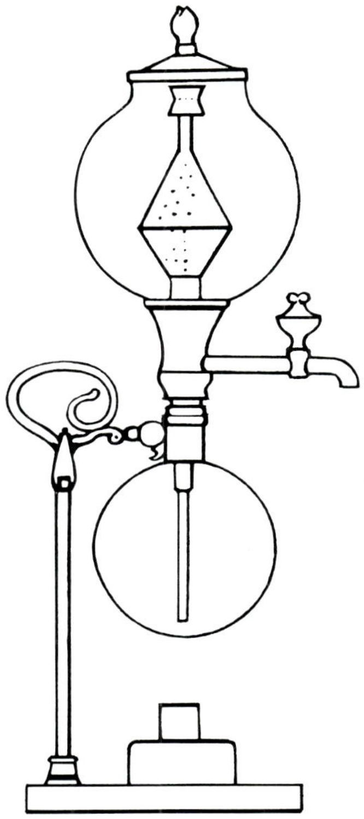

6 - Nachbildung der Doppelglas-Cafetière von Mme. Vassieux, wie sie um 1841 im Handel war. Aus der Bramah-Sammlung.

7 und 8 - Mme. Vaasieux' patentierte Konstruktion. Links ihr erster Entwurf. Hinzugefügt hat sie einen Zapfhahn aum unteren Glasgefäss und statt des bisher üblichen abdichtenden Korkens einen durchbohrten Glasstöpsel. Die rechte Zeichnung zeigt weitere Verbesserungen: Der Filter wurde vergrössert. Am Zapfhahn befindet sich ein Messrohr. Es zeigt den Wasserpegel im unteren Gefäss an, falls dieses statt aus Glas aus Metall besteht. Der Kreis an der Verbindungsstelle markiert die Position des Uhrenzifferblattes.

9 - Hiraux' Cafetière von 1841. Sie besass als erste einen Zapfhahn am oberen Glasgefäss.

oder dem Verkauf von Glaswaren.

Drei Tage nach Erhalt ihres Patents am 24. Januar 1842 suchte Mme. Vassieux, der Verbesserungen eingefallen waren, abermals die Präfektur auf. Der untere Behälter bestand zumeist aus Metall. Deswegen mußte der Spiritus-Rechaud gelöscht oder entfernt werden, sobald sämtliches Wasser emporgestiegen war. Andernfalls barst der obere Glasballon wegen der Hitze. Vonnöten war eine Vorrichtung, die anzeigte, wieviel Wasser sich noch im unteren Gefäß befand.
Mme. Vassieux versah den Ablaß mit einem Glasröhrchen. Stieg nun das Wasser in den oberen Behälter, so fiel der Wasserspiegel im unteren. Das geschah auch in dem Glasröhrchen, das sie als *manomètre* bezeichnete. Zudem veränderte sie den Filter so, daß er eine größere Oberfläche und mehr Löcher hatte.

Noch bevor die Tinte auf ihrem neuerlichen Patentersuchen

10

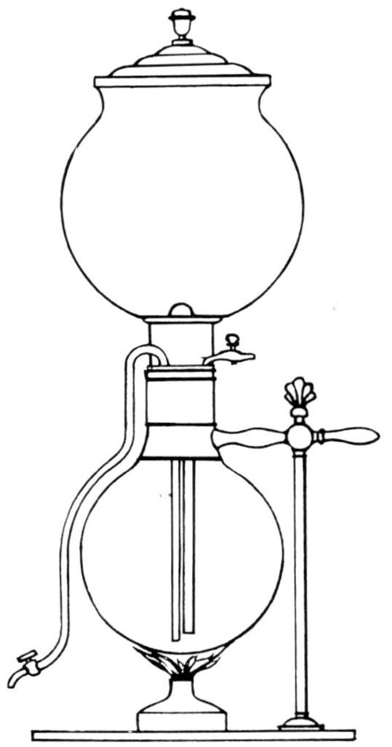

11

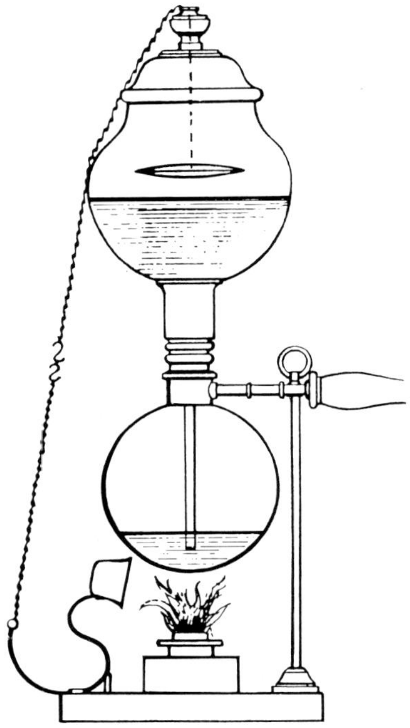

12

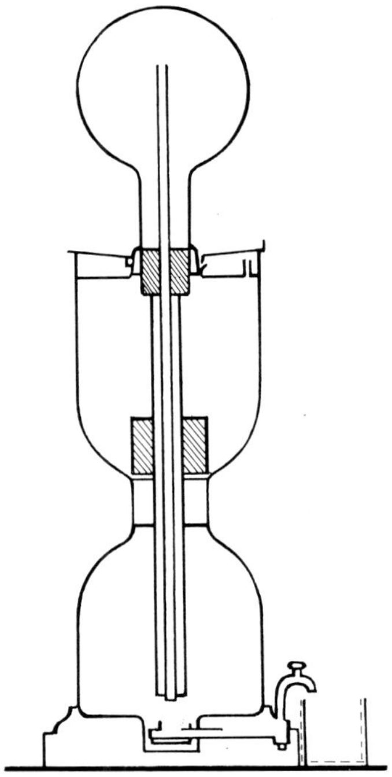

getrocknet war, fiel ihr eine weitere Verbesserung ein. Der Beamte kennzeichnete die Passage mit einem Asterisk und schrieb: "La Dame Massot, verheiratete Vassieux, äußerte noch den klugen Gedanken, daß man am Hals des unteren Behältnisses eine Uhr oder eine Uhrenstütze anbringen könne, so daß das Gerät sowohl als Uhr wie auch als Kaffeezubereiter zu gebrauchen ist".

Die Cafetière von Mme. Vassiuex wurde zweifellos in größerer Anzahl produziert, da das Patent 1846, bevor es erlosch, von ihrer Tochter, "la Demoiselle Vassieux, wohnhaft in Paris, Rue Vivienne Nr. 38", um fünfzehn Jahre verlängert wurde. Vermutlich war die gewitzte Mme. Vassieux in der Zwischenzeit verstorben. Ihre Erfindung jedoch lebte weiter. 1849 konnte ihre Tochter, die nun in der Rue du Faubourg-Montmartre, umgeben von Konkurrenten, wohnte, sie noch verbessern.

1842 erwirkte Rosa Galy-Cazalat in Paris ebenfalls mehrere Patente. Ihre Geräte weisen ein völlig anderes Arrangement auf. Der Spritusbrenner etwa ist rund um den Hals des Apparats montiert. Das im oberen Behälter erhitzte Wasser dringt durch das Mahlgut in den unteren ein. Der Dampf wird sodann zum Brenner geleitet und löscht die Flamme. Rosa Galy-Cazalat erhielt das Patent, als sie noch bei ihrem Vater, einem Ingenieur und Erfinder, in der Rue Folie-Méricourt wohnte. Ihrem Vater und einem weiteren Galy-Cazalat,

10 - Konstruktion von Gosse aus dem Jahr 1842. Das zweite, mit einem Ventil versehene Rohr ermöglichte, dass man Wasser im voraus erhitzen konnte. Die Kaffeezubereitung verlief dadurch schneller.

11 - Fortants patentierte Konstruktion weist einen Mechanismus auf, der selbsttätig den Spiritus-Rechaud abdeckt. Wenn der Extraktpegel steigt, hebt sich der Schwimmer, worauf die Spannung des Kettchens sich lockert. Das hat zur Folge, dass der Deckel sich senkt und die Flamme erstickt. Die Luft im unteren Glasgefäss kühlt sich ab, worauf der Kaffee angesaugt wird.

12 - Eine von vielen Konstruktionszeichnungen Rosa Galy-Cazalats. Der Rechaud umringt den Hals des oberen Gefässes.
Wenn das Wasser kocht, erstickt der Wasserdampf die Flamme. Da das kalte Wasser im oberen Gefäss erhitzt wird, muss dieses zuerst gefüllt werden. Dann setzt man die übrigen Teile darauf. Das Gerät wird nun gekippt, worauf man den Spiritus einfüllen und entzünden kann. Der Dampf drückt das Wasser nach oben in die Mittelröhre und von da weiter durch den Mahlgutbehälter in das untere Glasgefäss.

13

13 - Raparliers Modell einer zweistufigen Kaffeemaschine, die allerdings aus einem Glasgefäss und einem Kupferboiler besteht. Unter dem Dreifuss ist der Spiritus-Rechaud. Aus der Bramah-Sammlung.

14

14 -Doppelglasballonvakuumkaffeemaschine aus dem 19. Jhdt.

Physikprofessor an einer höheren Schule in Versailles, gelangen im Verlauf von nicht ganz vierzig Jahren eine Reihe von Erfindungen, die auf der Anwendung des Dampfdrucks, der Hydraulik und Mechanik, der Gasverbrennung und der Elektrizität beruhten.

Wie Mme. Vassieux hatte Rosa Galy-Cazalat eine Kaffeemaschine entwickelt, die man in großer Stückzahl herstellen konnte. Ein Jahr darauf — sie hatte inzwischen geheiratet, trug den Namen Martres, wohnte aber noch bei ihrem Vater — ließ sie einige Verbesserungen patentieren. Die Konstruktionszeichnungen sind auffällig fachmännisch und frei von all den verspielten Verzierungen der Amateurerfinder. Und der Mechanismus ist dermaßen kompliziert, daß man die Mithilfe ihres Vaters voraussetzen darf. Auf sein Ersuchen hin wurde denn auch das Patent 1847 zum letztenmal verlängert.

Die Zahl der Patentanmeldungen nahm von Jahr zu Jahr zu. Aus den ständigen Hinweisen auf eine Verbesserung der Sicherheit bei der Handhabung solcher Geräte kann man schließen, daß nicht wenige beim unsachgemäßen Gebrauch in tausend Stücke barsten. Nach etwa drei Jahren hatten nur aus Glas bestehende Kaffeemaschinen ihre marktbeherrschende Stellung

15

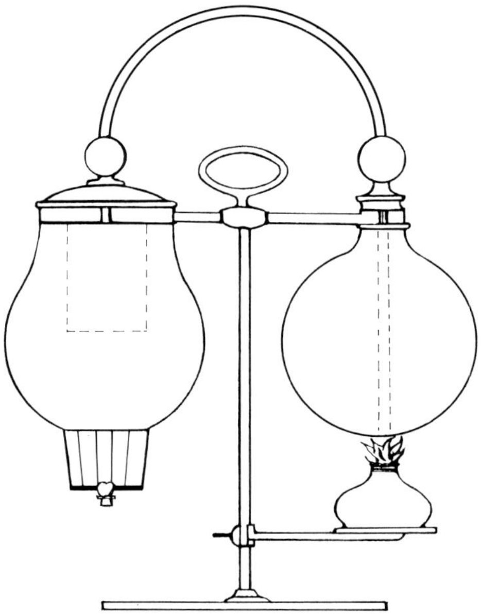

16

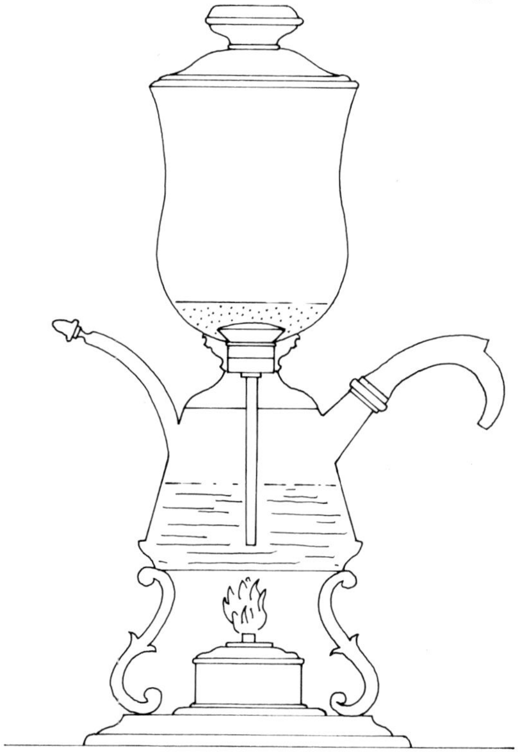

17

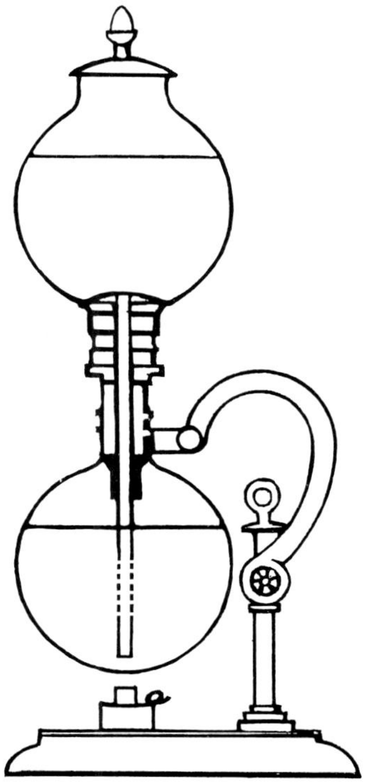

verloren. Erst fünfzig Jahre später feierten sie, nachdem man feuerfestes Glas entwickelt hatte, nicht nur in den Vereinigten Staaten ein Comeback. Trotzdem wirken die Geräte aus den vierziger Jahren des vorigen Jahrhunderts erstaunlich modern. Für die damalige Zeit waren sie aber nicht so innovativ, weil sie von der Form her an die vertrauten Petroleum- und Gaslampen erinnerten.

Ihre Schwachstelle war ihre potentielle Gefährlichkeit. Entweder durch fahrlässige Handhabung oder durch Fabrikationsfehler im Glas kam es häufig zum Glasbruch oder zur Explosion. Deswegen tüftelte man an der Verbesserung der Geräte Geräte weiter. In den nachfolgenden Jahrzehnten stellte man den unteren Behälter wieder aus Metall her. Die Halterung an der Seite wurde aufgegeben. Die neuen Modelle wurden robuster.

In England blieb Platows praktische Kaffeemaschine der Favorit der Mittelschicht. Ein Glasbehälter reichte ihr völlig. Die tonangebenden Kreise jedoch wandten sich ausgefalleneren Geräten zu.

18

15 - Bastiens Paralelanordnung der Glasgefässe von 1842. Der gemahlene Kaffee befand sich in einem perforierten Behälter, der unter dem Deckel des Auffanggefässes befestigt wurde.

16 - Die sogenannte **Excellente** von Raparlir war zwar um 1856 überaus beliebt, aber verglichen mit ihren Vorgängerinnen war sie unhandlich und mit allerlei Zierat überladen.

17 - Malpeyres patentierte Konstruktion von 1841. Der obere Teil der Halterung liess sich mittels einer Schraube lösen und diente als Henkel. Der Nachteil des Geräts war, dass man das obere Gefäss vor dem Ausschenken abmontieren musste.

18 - Glasballonvakuumgeräte, die die Kaffeezubereitung in verschiedenen Phasen zeigen.

KAFFEEMASCHINEN MIT EINEM PUMPMECHANISMUS

Um die Kaffeezubereitung effizienter zu gestalten, hatten die Erfinder bislang heißes Wasser entweder mit Dampfdruck durch das Mahlgut gedrückt oder mit Hilfe des Sogs eines partiellen Vakuums. Der Nachteil beider Methoden war, daß der Vorgang zu schnell und damit unkontrolliert verlief.
Deswegen entwickelte man ein neues Gerät mit einer pneumatischen Pumpe.

Eine der von Dr. Romershausen 1820 konstruierten "Extraktionspressen" hatte eine Handpumpe, mit der man — statt mit Dampf — Wasser durch eine Schicht aus zerkleinertem Pflanzenmaterial, auch Kaffee, drücken konnte. Es gibt Druck- und Saugpumpen. In England versuchte man es zunächst mit der Saugpumpe.

Brains "Vakuum- oder Pneumatikfilter" von 1835 bestand aus zwei Gefäßen. Dazwischen befand sich ein Sieb, das mit einem dicht gewebten Tuch oder Leder wie mit einer Membran abgedeckt war. Man schüttete oben das Mahlgut und das kochende Wasser hinein und zog dann den Kolben der Saugpumpe heraus, um den Kaffee anzusaugen. Das war eine durchaus brauchbare Methode, die man jederzeit kontrollieren konnte.

Ein ausgeklügelteres Modell war Whiteheads "pneumatische Kaffeemaschine", bei der die Pumpe im Deckel montiert war. Das Gerät wurde 1840 in Frankreich patentiert und konnte auch für die Zubereitung von Tee verwendet werden.
Eine
Saugpumpe besitzt auch Tiessets 1842 patentierter Kaffeezubereiter. Tiesset lebte in Boulogne und war deshalb mit dem, was in Paris gerade modisch war, nämlich Glascafetièren, nicht so vertraut. Er gehörte zu den vielen Erfindern, die jahrelang an etwas herumtüfteln, einen kleinen Erfolg erzielen, aber letztlich nichts Bleibendes hinterlassen.

Die Druckpumpe war die andere Alternative. Robert Beart verwendete sie 1838. Sein Gerät — er betrieb eine Mühle in England, wo es am ländlichsten war — zeichnete sich eher durch Robustheit denn durch konstruktive Eleganz aus.
Aber sein Pumpmechanismus war überaus effizient. Der Pumpenzylinder bestand aus dickwandigem Zinn oder Messing. Der genau eingepaßte durchlöcherte Kolben war auf der Unterseite mit einer Ledermembran abgedichtet, durch die das Wasser langsam dringen konnte.

Wollte man Kaffee zubereiten, mußte der Kolben zunächst den Gefäßboden berühren. Gemahlener Kaffee wurde eingefüllt und hernach kochend heißes Wasser. Dann wurde der

1

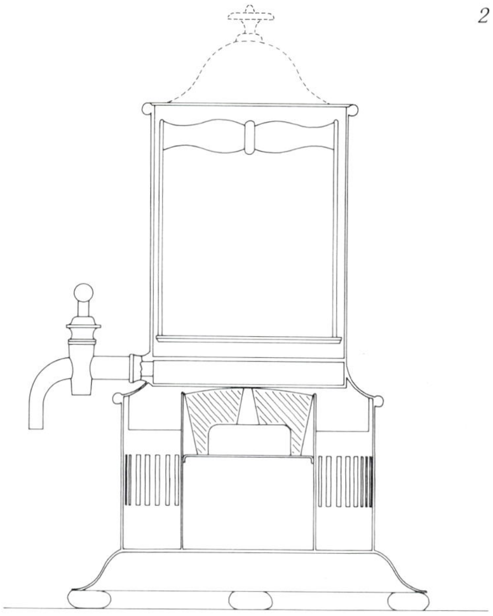

2

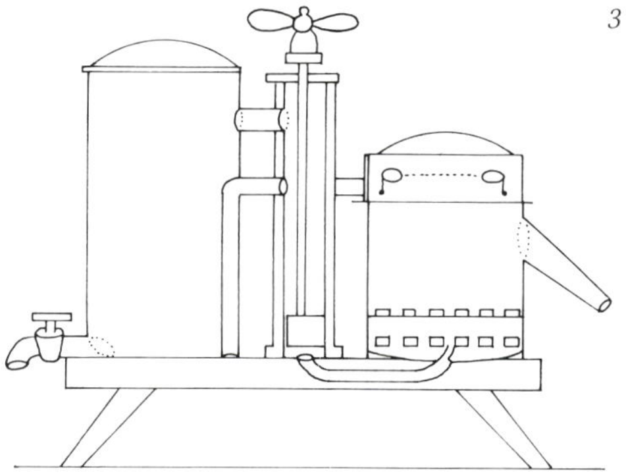

3

4

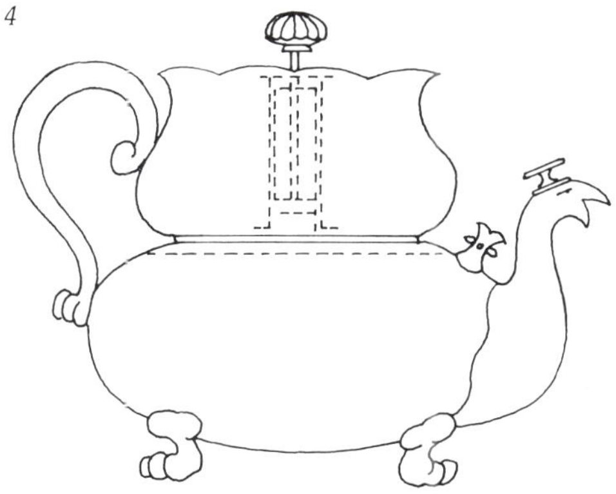

5

1 - Die von Beart 1838 erfundene Kolbenkaffeemaschine. Beart entwickelte ein grosses Modell, bei dem der Kolben mittels einer Kurbel bewegt wurde, und ein kleineres, handlicheres Gerät. Aus der Bramah-Sammlung.

2 - Bearts patentierte Konstruktion.

3 - Eine von Dr. Romershausens Extraktionskaffeemaschinen aus dem Jahr 1818. Mit dem Kolben liess sich die Zubereitung in dem urnenförmigen Gefäss und in der Kanne steuern.

4 - Eine schön geformte Kanne, 1840 von dem Londoner John Whitehead entwickelt. Patentiert wurde sie allerdings in Paris von einem gewissen Bloque, der an der Place Dauphine wohnte. Mit dem Kolben wird das heisse Wasser durch das Mahlgut angesaugt. Man nannte das Gerät zwar Cafetière, aber da Whitehead Engländer war, sieht es wie eine Teekanne aus.

5 - Tiessets 1842 in Frankreich patentiertes Gerät, das eine Saugpumpe hatte.

6

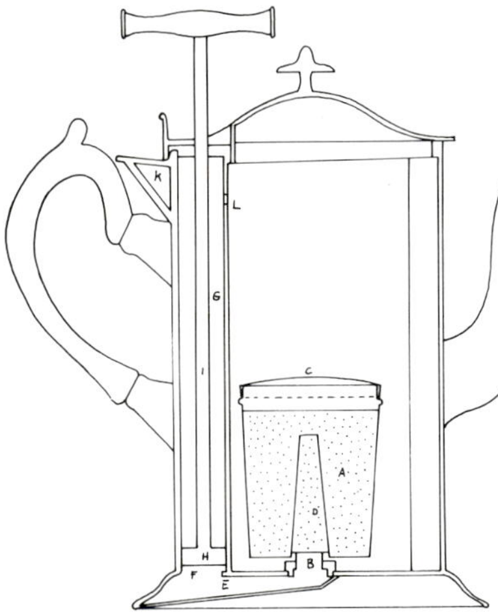

7

6 und 7 - Ward Andrews' 1841 patentierte Kolbenkaffeemaschine. Die Klappe am Henkel kennzeichnet den Einlass für das heisse Wasser, das sich anfänglich in einem eigenen Behälter befindet. Es wird mit dem Kolben durch das Mahlgut gedrückt. Aus der Bramah-Sammlung.

8 und 9 - Brains Kaffeemaschine von 1835 hat eine kleine Saugpumpe, mittels derer das heisse Wasser durch das Mahlgut geschickt wird. Es befand sich auf einem Netzfilter im oberen Gefäss. Aus der Bramah-Sammlung.

8

9

Kolben mit dem Griff nach oben gedrückt. Das Vakuum, das zwischen dem Gefäßboden und dem Kolbenring entstand, saugte den Extrakt an.

Bearts Gerät wurde in verschiedenen Größen angefertigt. Es gab voluminöse Kaffeezubereiter, bei denen man den Kolben mit Hilfe einer Kurbel bewegen mußte, und kleinere aus Messing oder Kupfer für die festlich gedeckte Tafel. Man erhielt zwar durch den Wasserdruck einen ausgezeichneten Extrakt, nachteilig war aber, daß der Kolben zum Schluß herausragte, was nicht hübsch aussah. Eine Lösung war ein kleinerer Kolben. 1841 versuchte es damit William Ward Andrews, ein Eisenwarenhändler aus Wolverhampton. Sein Kolben steckte in einem Zylinder neben dem Gefäßhenkel. Der Kolben wurde bis zum Anschlag hochgezogen, worauf man heißes Wasser in den Zylinder goß. Sodann drückte man den Kolben hinunter, und das Wasser drang durch das Mahlgut in das eigentliche Kaffeegefäß.

Handbetriebene, mit einem beweglichen Kolben versehene Kaffeemaschinen hatten viele Vorteile. Sie waren ungefährlich, simpel zu bedienen und jagten den Hausangestellten keine Angst ein. Trotzdem erfreuten sie sich keiner großen Beliebtheit. Ihre Handhabung wirkte nun mal nicht elegant.

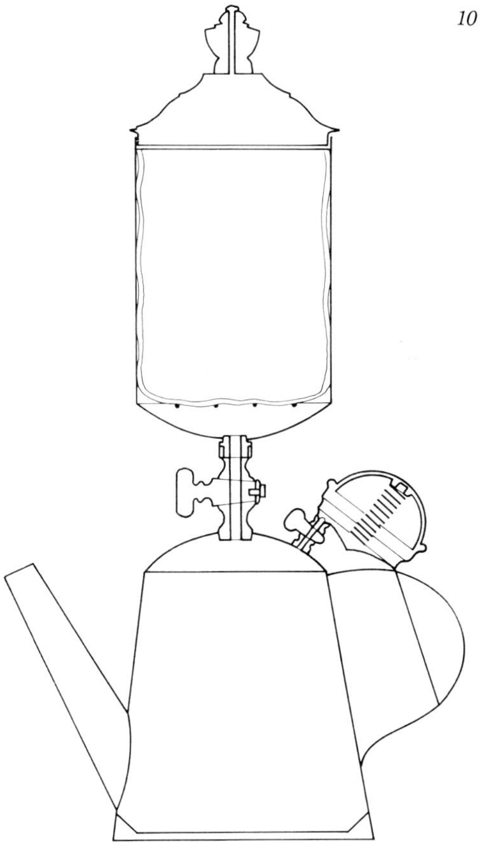

10

10 - Lavaters 1874 patentierte Kaffeemaschine hat eine Gummimembran, die man zur Beschleunigung des Filtervorgangs ein paarmal hineinpressen musste. Im oberen Gefäss befand sich ein Filtersäckchen mit dem Mahlgut. Die Verbindung zwischen beiden Gefässen war die Schwachstelle dieses Modells. Auch die Saugpumpengeräte erwiesen sich als anfällig.

Wie konnte eine Dame aus besseren Kreisen eine gute Figur machen, wenn sie sich mit dem Kolben abmühte?

Das von Lavater 1873 patentierte Gerät stellte einen Versuch dar, die Merkmale eines Biggin mit denen einer Kaffeemaschine zu vereinen. In Gang gesetzt wurde die Extraktion mit Hilfe einer Gummimembran und einer Spiralfeder, die einige Male zusammengedrückt werden mußte, damit die Extraktion einsetzte. Es war also im Grunde eine Filterkanne, bei der das Filtern durch die Saugkraft eines kurzzeitigen Vakuums beschleunigt wurde. Aber das Gerät bereitete wie die übrigen bei der serienmäßigen Herstellung technische Schwierigkeiten, bot den Handwerksmeistern nur geringe Entfaltungsmöglichkeiten und funktionierte nicht automatisch.

Es hatte auch sonst keine Chancen, weil es mit der Napier-Kanne konkurrierte, der für die Regierungszeit Königin Viktorias typischen Kaffeemaschine.

DIE NAPIER-KANNE

Die beliebteste und für die zweite Hälfte des 19. Jahrhunderts typische Kaffeemaschine wurde 1840 von Robert Napier, dem berühmten schottischen Schiffsingenieur, entwickelt.
Napier ließ sie nie patentieren, weil sie aus allgemein erhältlichen Laborgeräten hergestellt war und keinerlei ausgeklügelte Ventile oder Kolben besaß, die erforderlich waren, wenn man das Gerät mit dem Signum einer technischen Neuheit versehen wollte.

Robert Napier, 1791 in Dumbarton geboren, konstruierte 1823 in Glasgow seine erste Schiffsmaschine. Danach folgten Arbeiten für Dampfschiffe, die den Ärmelkanal überquerten. Das erregte die Aufmerksamkeit von Samuel Cunard, der eine transatlantische Schiffahrtsgesellschaft plante. Aus ihrer Zusammenarbeit entwickelte sich die Firma Robert Napier & Sons in Govan, die den Clyde zum damals größten Werftenzentrum der Welt machte. Napier baute siebzehn Cunard-Schiffe und konstruierte Hunderte von Schiffsmaschinen für die englische Marine, aber auch für ausländische Auftraggeber. Seine Kaffeemaschine war also nur ein Nebenprodukt im Verlauf seiner erfolgreichen Karriere. Da sie simpel, robust und gefällig war, wofür schon all die Silberschmiede sorgten, war sie über die viktorianische Epoche hinaus überaus gefragt.

1

1 - James Napier, Schiffbauingenieur bei der schottischen Firma Robert Napier & Sons und Erfinder der Napier-Kanne, die um 1840 in verschiedenen Ausführungen überaus gefragt war.

2 - Die Grundbestandteile einer Napier-Kanne. Das heisse Wasser gelangte zum Mahlgut in dem henkellosen Gefäss. Danach wurde der Extrakt in den Glasballon angesaugt.

3 - Silberplattierte Napier-Kanne nach dem Ansaugen des Kaffees. Kartusche mit der Inschrift "T. Smith & Son, Glasgow". Höhe 34 cm. Aus der Bramah-Sammlung.

Die Napier-Kanne war in ihrer ursprünglichen Form nicht kompliziert. Obwohl sie ein wenig an ein Laborgerät erinnerte, schmälerte das nicht ihre Beliebtheit. Die immer wohlhabender werdende Mittelklasse in England zog sie den verspielten Neuerungen vor, die im Frankreich des Bürgerkönigs Louis Philippe en vogue waren.

2

3

4

5

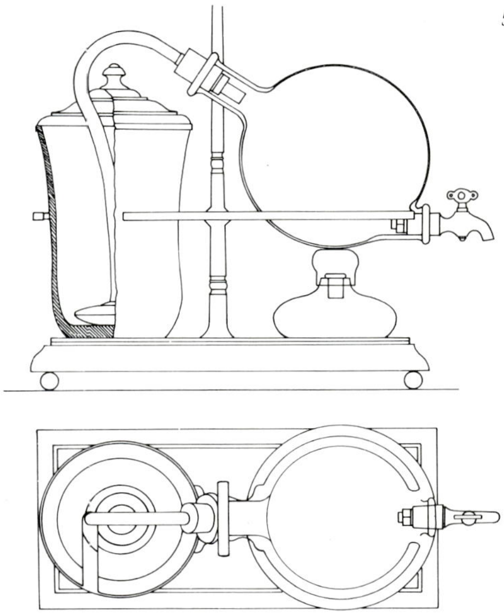

6

4 - Spätviktorianische silberplattierte Napier-Kanne. Der Zapfhahn ist mit dem eingravierten "Weidenbaum"-Ornament verziert. Von William Padley & Son in Sheffield hergestellt. Höhe 37 cm. Aus der Bramah-Sammlung.

5 - Robertson 1890 patentierte Verbesserung der Napier-Kanne, die in einem Zapfhahn am Glasballon besteht.

Die Bedienung des Geräts war einfach. Man goß kochend heißes Wasser über den gemahlenen Kaffee in einem zylindrischen Gefäß und ebenfalls, aber nur wenig, in ein kugeliges Gefäß. Beide Behälter wurden sodann durch eine Metallröhre, die durch einen Stöpsel im Hals des kugeligen Behälters lief, miteinander verbunden. Die Verbindung war luftdicht. Am Boden des zylindrischen Gefäßes war ein Sieb.

Das ganze Gerät war auf einem Sockel montiert. Unter dem Kugelgefäß war ein Spiritus-Rechaud. Die im Kugelgefäß befindliche kleine Wassermenge wurde erhitzt. Der Wasserdampf gelangte durch das Rohr, wirbelte den Extrakt durcheinander und hielt die Temperatur aufrecht. Entfernte man den Rechaud, kondensierte die Luft in dem Kugelgefäß. Ein partielles Vakuum entstand, worauf der Extrakt angesaugt wurde, während der Satz zurückblieb. Man nahm den Stöpsel samt dem Rohr heraus und benützte das Kugelgefäß als Kaffeekanne. Das Zylindergefäß konnte aus Glas, Ton oder Metall bestehen. Der kugelige Behälter war zumeist aus Glas. Es war zwar keine automatische Kaffeemaschine, da man die benötigte Wassermenge zuvor anderswo erhitzen mußte, aber die Extraktion und das Filtern beanspruchten nur wenig Zeit.

Robert Napier war im Schiffsbau vollauf ausgelastet, so daß er keine Zeit fand, seine Kaffeemaschine selbst zu produzieren. Aber er verlor sie nie aus den Augen. Als man sie etwas gefälliger gestalten wollte, sträubte er sich anfänglich dagegen. 1870 stellte die Silberschmiedefirma Thomas Smith & Son die Geräte nach seiner Anleitung her.

Schon um 1860 exportierte man die Napier-Kanne nach Indien, China, in die Vereinigten Staaten wie auch in die übrigen europäischen Länder. Auf Handwerksmessen gewann sie viele Preise. In ganz England konnte man sie in Haushaltsläden und bei Eisenwarenhändlern erstehen. Auch mit den Ersatzteilen machte man gute Geschäfte. Obwohl auf den erhalten gebliebenen Preislisten

7

6 und 7 - Silversmiths Versionen der Napier-Kanne. Das kugelige Gefäss ist mit seitlichen Stiften am Ständer befestigt. Links: eine kleine, ausnehmend hübsche Napier-Kanne mit Silberplattierung. Keine Herstellerangabe. Höhe 34 cm. Rechts: ein von dem Glasgower Thomas Smith angefertigtes Modell. Die ursprüngliche Korkenabdichtung deutet darauf hin, dass es sich um eines der frühen Geräte handelt. Die späteren hatten zumeist einen plattierten, mit einem Gewinde versehenen Stöpsel, der das Rohr mit dem Kugelgefäss verband. Aus der Brahmah-Sammlung.

8 - Eine reizvolle, silberplattierte Napier-Kanne von Padley mit Zündhölzerbox und einer Spiritusflasche, deren Inhalt etwa für eine Woche reichte. Höhe 37 cm. Im Stadtmuseum von Sheffield.

9 - Ein weiteres Gerät von Padley aus derselben Periode. Aus der Bramah-Sammlung.

10 - Napier-Kanne mit hochgezogenem Ständer und Rechaud-Auslöscher. Laut Inschrift von Roberts & Belk, Sheffield. Höhe 38 cm. Aus der Bramah-Sammlung.

11 - Napier-Kanne mit vier Löwenklauenfüssen. Laut Inschrift von Roberts & Belk. Etwa von 1890. Höhe 37 cm. Aus der Bramah-Sammlung.

8

hervorgehoben wird, daß das Glasgefäß — Preis rund 8 Pence — überaus bruchsicher sei, mußte man doch bei der Handhabung einige Vorsicht walten lassen, zumal bei Frostwetter, damit nicht das Glas beim Einfüllen von kochend heißem Wasser barst.

Die billigste Napier-Kanne mit einem Fassungsvermögen von einem Liter kostete 65 Pence. Für die teuerste Kanne —Inhalt zwei Liter, der Porzellanzylinder hatte einen Goldrand, das Verbindungsrohr bestand aus Silber und der Rechaud hatte eine Kristallfassung — mußte man drei Pfund berappen. Für Clubs und Cafés wurde eine Kanne mit einem Fassungsvermögen von knapp zwei Litern hergestellt. Ferner gab es ein noch größeres Serviergerät mit zwei Glasgefäßen und einem Zylinder, mit dem man fortlaufend Kaffee zubereiten konnte. Für Reisen wurde eine Kanne aus plattiertem Silber angeboten. Die großen Napier-Kannen der spätviktorianischen Epoche besaßen einen Zapfhahn.

Die Napier-Kanne hielt sich über sechzig Jahre. Obgleich viele silberplattierte Kannen erhalten geblieben sind, ist die Kenntnis ihrer Funktionsweise erstaunlicherweise geschwunden. Selbst Antiquitätenhändler wissen oft nicht, wie man so ein Gerät handhabt.

Eine Napier-Kanne ist — auf einem Regal oder in einer Vitrine — stets ein Blickfang. Die meisten Geräte funktionieren heute noch. Man braucht sie nur gründlich zu reinigen. Und dann kann man in ihnen wie ehedem ausgezeichneten Kaffee zubereiten.

9

MATCHES

10

11

KIPP-ODER PARALLELSIPHONS

Die französischen Kaffeemaschinen mit zwei Glasbehältern waren technisch zwar nicht ausgereift, wurden aber ständig verbessert. Den Preislisten für Napier-Kannen kann man entnehmen, dass das dünnwandige Glas um die Mitte des 19. Jahrhunderts die Hitze des kochend heißen Wassers ohne weiteres aushielt, wenn man etwas Vorsicht walten ließ. Die Erfinder ließen sich jedenfalls nicht entmutigen, da sie ihre Geräte nicht selten für fünfzehn Jahre patentieren liessen. Aber im Grunde eilten sie der Verbesserung der Glasqualität voraus.

Das von Bastien 1842 patentierte Gerät — ein Exemplar kann in Paris besichtigt werden — ist sozusagen das Bindeglied zwischen der zweistufigen Kaffeemaschine und dem nachfolgenden Kippsiphon. Sein Gerät besteht aus zwei Glasbehältern, die nebeneinander und nicht übereinander arrangiert sind. Das heiße Wasser wird durch die Filterkammer mit dem Mahlgut in das zweite Gefäß gedrückt, das einen Zapfhahn besitzt. Ein Bügel fixiert die Hälse beider Gefäße. Die Anordnung verleiht dem Gerät nicht nur mehr Standfestigkeit, sondern erleichtert zugleich die Bedienung, weil sich Rechaud und Zapfhahn auf der gleichen Ebene befinden. Was allerdings fehlte, war eine Vorrichtung, die den Spiritus-Rechaud automatisch löschte. Doch das sollte sich bald ändern.

1

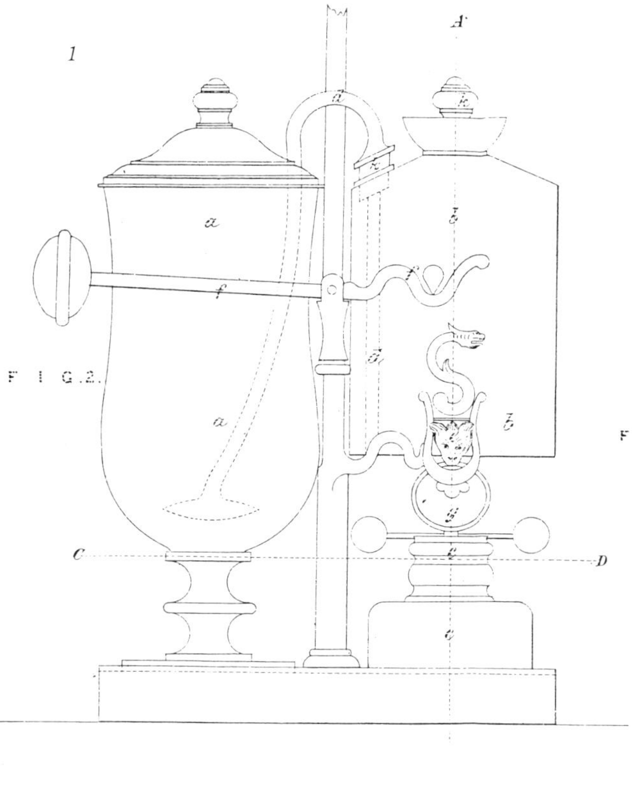

2

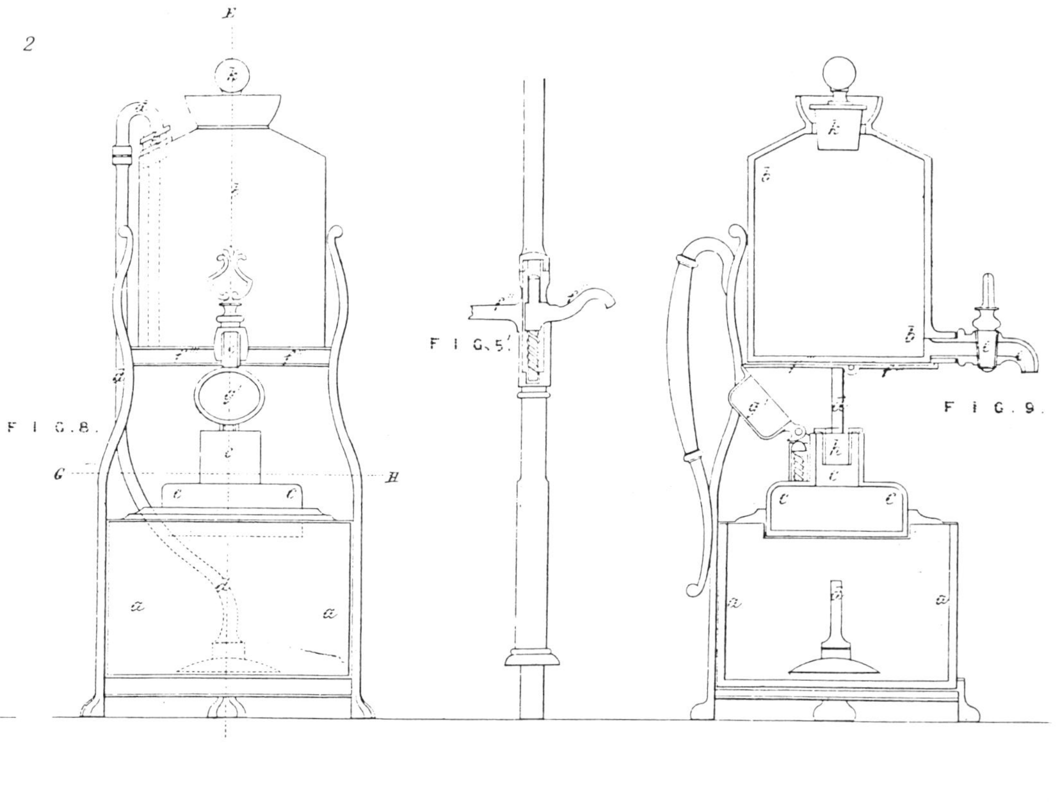

3

Parallelsiphons hielten sich über die Regierungszeit Louis Philipps hinaus und waren auch im Second Empire beliebt. Wenn man sich ausdauernd bemüht, kann man auch heute noch so ein Gerät in einem der vielen Antiquitätenläden aufstöbern. Im Londoner Wissenschaftsmuseum etwa stand eins unbeachtet auf dem Kaminsims im Büro eines Konservators.
Aber die Tage, da man solche Gerätschaften geringschätzte, sind vorüber.

Kippsiphons vereinigten Funktionstüchtigkeit und dekorative Gefälligkeit. Deswegen waren sie in ganz Europa überaus begehrt. Manchmal wurden sie auch als *Wiener Siphonmaschinen* bezeichnet. In Frankreich bekamen sie die Bezeichnung *Gabet.* Diese geht auf Louis Gabet zurück, der im Marais-Viertel von Paris eine Werkstatt hatte und 1844 seine Neuentwicklung patentieren liess. Das Patent erstreckte sich allerdings nicht auf das gesamte Gerät, sondern nur auf den Kippmechanismus. Sollte dieser kopiert werden, heißt es in Gabets beigefügter Erklärung, werde er gerichtlich dagegen vorgehen. Sein Kippmodell gehört zu den ausgereiften Versionen des Parallelsiphons.

Das Gewicht des kalten Wassers im rechten Behälter, der zumeist aus Ton bestand, hielt die Deckklappe des Spiritus-Rechauds offen. Wenn

1 - Kippsiphon für den englischen Markt. 1849 von Preterre, einem Erfinder aus Le Havre, in London patentiert. Preterre kopierte Godets Gegengewichtsmechanismus. Zur gleichen Zeit brachte der Wiener Reiss ein ähnliches Modell heraus.

2 - Ein weiterer Kippsiphon von Preterre, bei dem sich der Rechaud zwischen den übereinander montierten Behältern befindet. Wenn der obere Behälter mit Wasser gefüllt ist, bleibt die Abdeckung oben. Das kalte Wasser wird erhitzt und durch den Dampfdruck über das Rohr in das untere Gefäss gezwängt, wo die Extraktion stattfindet. Daraufhin hebt sich der obere Behälter mittels einer Spiralfeder an dem Ständer und die Luft im Inneren kühlt sich ab, worauf der Kaffee angesaugt wird.

3 - Kippsiphon mit Gegengewicht. Hervorzuheben ist die hübsche Vergoldung des einen Gefässes. Andere Modelle waren mit einem Porzellangefäss ausgestattet, das — auf blauem Grund wie die Produkte von Sévres und Limoges — mit Blumen und Vögeln verziert war. Aus der Lavazza-Sammlung, Turin.

4

4 - Prunkvoller silberplattierter Kippsiphon englischer Herkunft aus dem letzten Drittel des 19. Jhdts. Er funktioniert mit einem schweren Gegengewicht wie die von Gabet entwickelten Geräte. Hersteller unbekannt. Aus der Bramah-Sammlung.

das Wasser in das linke Glasgefäß hinüberfloß, hob sich der leere Behälter, wozu auch das Gegengewicht am Glasgefäß beitrug. Die Luft in dem leeren Behälter kühlte sich ab und das partielle Vakuum saugte den Kaffee wieder an, worauf sich der Behälter senkte. Die ins Auge fallenden Vorteile des Kippsiphons brauchen nicht näher erläutert zu werden. Das Gerät war sicher, funktionierte automatisch und bot den Herstellern diverse Möglichkeiten, es mit Metallsockeln, bemalten Porzellangefäßen und goldgeränderten Glasballons zu versehen. Bald darauf bemühten sich alle möglichen Leute — Ärzte, Mathematiker, Apotheker, Cafétiers, Kunstschmiede, Glasbläser —, den Kippmechanismus oder die Lage des Verbindungsrohrs zwischen den beiden Behältern zu verbessern.

Kippsiphons gelangten auch nach England. Ein Apoleoni Pierre Preterre aus Le Havre ließ da 1849 sein Gerät —"mit untertänigsten Grüßen an Ihre Durchlauchtigste Majestät Königin Viktoria" —patentieren. England mit seiner prosperierenden Mittelschicht muß für Preterre eine große Verlockung gewesen sein, während das übrige Europa von Revolutionswirren geschüttelt wurde. Preterre offerierte neben seinem Kippsiphon noch ein Röstgerät und eine Kaffeemühle. Vielleicht existiert noch irgendwo eine vollständige Garnitur.

5

6

7

5 - Kippsiphon mit einem Spiralfedermechanismus, der das leere Porzellangefäss hob und die Rechaud-Abdeckung herunterliess. Bei diesem Modell verläuft das Rohr von der Mitte des einen Gefässes zur Mitte des anderen. Es gibt noch andere Arrangements, von denen die meisten in Form einiger Exemplare erhalten geblieben sind. Aus der Bramah-Sammlung.

6 - Kippsiphon mit vergoldeter Halterung und einem mit Blütenzweigen verzierten Porzellangefäss. In der Mittelsäule befindet sich eine Spiralfeder, die von der oberen Halterung des Porzellangefässes bis zur Basis reicht. Aus der Bramah-Sammlung.

7 - Patentzeichnung der Turmelschen Kippsiphons von 1853.

Die französischen Modelle wurden immer aufwendiger.
Das Serviergefäss ruht auf einer Stellfläche, die hydraulisch gehoben wird. Die Verbindung zwischen dem Rohr und dem oberen Teil des Glasgefässes ist mit Ventilen und Luftaustrittklappen versehen. Turmel entwickelte eine Reihe von Kaffeemaschinen, deren Mechanismus immer komplizierter wurde.

KAFFEE-LOKOMOTIVEN

Heute sind Dampfloks technische Objekte von nostalgischem Reiz. Um 1830 beflügelten sie die Phantasie der Menschen. Bevor transkontinentale Schienenstränge siche Mams'cript S. 56 die europäischen Sinnbild des vergötterten Fortschritts. Man stellte sie auf Bildern und Stichen dar, auf Tabletts, Tellern und Tassen, die man als Souvenirs erstehen und im trauten Heim als Blickfang präsentieren konnte. In Paris und Wien fertigte man sogar Kaffeemaschinen in Form einer Lokomotive an.

In Frankreich wurde die erste Schienenstrecke 1837 feierlich eröffnet. Sie verlief von Paris nach St. Germain. Im Februar 1839 schon bewarb sich ein Adolphe Barru beim französischen Handelsminister um ein Patent für seine Kaffeemaschine, die einer Lokomotive nachgebildet war.

Da er um eine möglichst rasche Bearbeitung nachsuchte, wurde ihm das Patent bereits einen Monat später gewährt. Darru war ein Silberschmied mit einem Laden und einer Werkstatt in der Rue Montmartre Nr. 134. Man kann annehmen, dass seine Kaffeelok aus Silber angefertigt war. Aus den wenigen erhalten gebliebenen Konstruktionszeichnungen geht hervor, dass er sich des gleichen Prinzips bediente wie Parker mit seiner "Dampffontäne" — heißes Wasser wurde durch einen Mahlgutbehälter in ein Auffanggefäß gedrückt. Durch eine kleine Glaskuppel konnte man die Kaffeezubereitung beobachten. Die Kaffeelok war noch mit einem — im Schornstein verborgenen — Sicherheitsventil, einer Pfeife und einem Signalfähnchen ausgestattet, das hochging, wenn der Kaffeepegel anstieg. Es war ein reizvolles, aber durchaus brauchbares Gerät, das vielleicht hie und da noch erhalten geblieben ist.

1840 wurde in Wien, wo 1838 die erste Eisenbahnverbindung zu den Vororten entstanden war, eine ähnliche Kaffeelokomotive den Fortschrittsbegeisterten offeriert. Entwickelt hatten sie zwei Ingenieure, Wagemann und Böttger mit Namen, die — gemeinsam oder jeder für sich — eine Reihe von Patenten erwirkten. Sie erfanden eine Seihkanne mit einem in der Mitte befindlichen Luftabzug und einem Milchwärmer, die Kochs Kaffeezubereitungsgerät von 1838 ziemlich ähnlich ist, und ein Dampfdruckgefäß, das dem von Lebrun gleicht. Ihre Kaffeelokomotive jedoch unterscheidet sich von der, die Darru ausgetüftelt hatte. Die Wagemann-Kaffeelokomotiven verkauften sich gut. Das lag auch daran. dass die Erfinder bereitwillig Herstellungslizenzen vergaben. Darru fertigte seine Kaffeeloks nur in seiner Werkstatt an. Die Wagemann-Kaffeelokomotiven bestanden

1

1 - Englische silberplattierte Kaffeelokomotive mit dem Namen "Victoria". Das Vorbild waren die Lokomotiven der "Firefly"-Klasse, die für die Great Western-Linie produziert wurden. Hergestellt wurde die Kaffeemaschine für das Queen's Hotel am Bahnhof Swindon und befindet sich heute im Swindon Railway Museum. Es weist das königliche Wappen und eine Krone auf. Aus dem Swindon Railway Museum.

2

2 - Wiener Kaffeelokomotive von 1840, entworfen von Wagenmann und Böttger. Das Modell hat einen völlig anderen Mechanismus. Der Boiler in der Mitte erwärmt auch die Milch im rechten Behälter. Der Kaffee wird im Seihgefäss links zubereitet. Im Schornstein werden Zündhölzer und eine kleine Flasche mit Spiritus für den Rechaud aufbewahrt. Das Arrangement ist zwar tauglich, aber die Ähnlichkeit mit einer Lokomotive ist nicht eben gross. Länge etwa 20 cm, Höhe 28 cm.

aus plattiertem Silber und Messing und hatten ein Siphonrohr, durch das das heiße Wasser in das obere Gefäß der Seihkanne geleitet wurde. Zudem waren sie noch mit einem Milchwärmer ausgestattet. Der Schornsteindeckel hatte eine Ablage für Zündhölzer. In der Patentbeschreibung heißt es, daß das Gerät auch in Gestalt eines Dampfschiffes hergestellt werden könnte. Bedauerlicherweise ist so ein Gerät bislang noch nicht aufgetaucht.

In England, wo man das Streckennetz kontinuierlich ausbaute, wurde gleichfalls eine — zudem überaus kostbare — Kaffeelokomotive hergestellt. Das silberplattierte Schmuckstück wurde anläßlich der Eröffnung der Great Western-Linie von London nach Bristol angefertigt und ist einer Gooch-Breitspurlok der *Firefly*-Klasse nachgebildet. Es war und blieb ein Einzelstück.

Zwanzig Jahre später stellte ein findiger Tüftler eine weitere Kaffeelokomotive her. Das ist sicherlich das technisch interessanteste Modell. Jean Baptiste Toselli war ein in Paris lebender Architekt. Er stammte wohl aus Italien, da er seinen Vornamen zumeist zu einem G. — für Giovanni —abkürzte. Seine Konstruktionszeichnung aus dem Jahr 1862 zeigt unter anderem ein Siphonrohr, durch das das Wasser aus dem

3

4

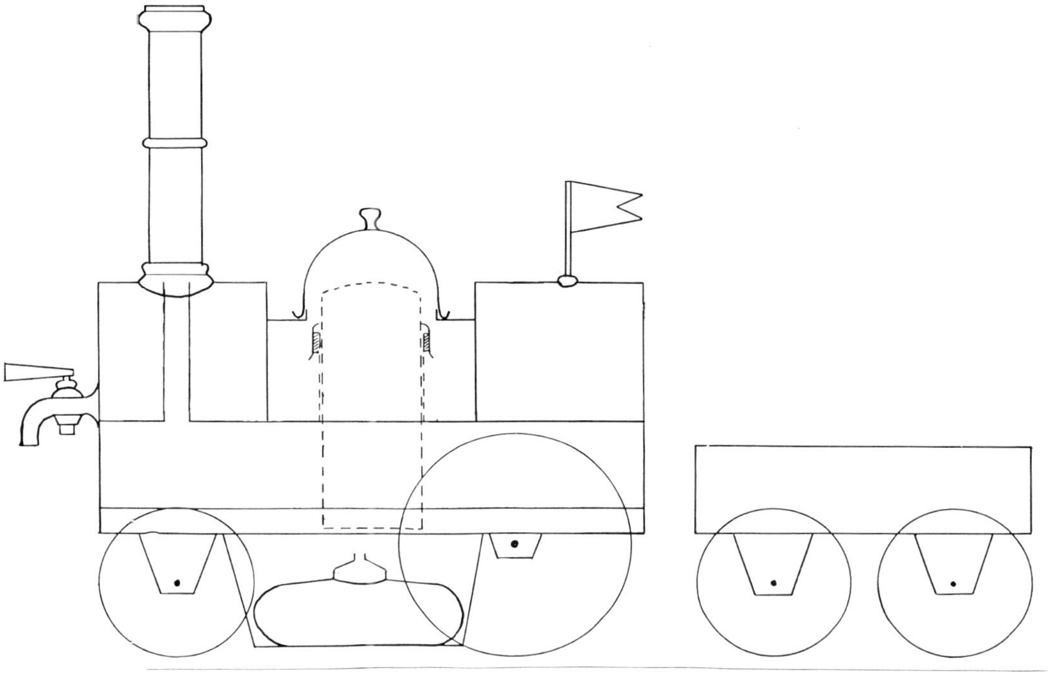
5

3 und 4 - Zwei Modelle der Wiener Kaffeelokomotive.
Oben: Modell aus Neusilber. Mit reichlich verziertem Chassis und Schienensockel. Mit freundlicher Genehmigung der Folger Coffee Company, USA.
Unten: Aus Messing angefertigt, das Chassis ist aus Holz. Mit freundlicher Genehmigung der Firma Braunschweig & Co., Basel.

5 - Ein mechanisches Spielzeug für die Reichen. Konstruktionszeichnung der ersten "Cafetière-Lokomotive", die Adolphe Darru 1838 anlässlich der Eröffnung der ersten Eisenbahnverbindung von Paris zu den Vororten patentieren liess. Darru war Silberschmied und hatte sein Geschäft in der Rue Montmartre. Seine Kaffeelokomotive war silberplattiert. Sie stand auf einem Schienensockel und der Tender enthielt Kaffeelöffel und Zuckerwürfel.

rückwärtigen Gefäß nach vorn in den Schornstein fließt. Die Lok selbst befindet sich über einem Spiritus-Rechaud, der nach der Extraktion entfernt werden mußte, damit der Kaffee zurückfließen konnte. Ein Rohr unter der Lok führte zu einem Zapfhahn.

Das Modell war viel gefälliger und auch praktischer als die Kaffeelok von Wagemann und Böttger. Der Schornstein war groß, damit das Sieb am Ende der Siphonröhre hineinpaßte. Außerdem sollte die Kaffeemaschine aus Porzellan oder Ton angefertigt werden können. Die Siphonröhre bestand aus Glas, so daß man sehen konnte, wie zuerst das heiße Wasser hindurchfloß und danach der Kaffee. Die Funktionsweise ähnelte der beim Kippsiphon. Zwei Jahre darauf wurde das Patent denn auch um einen Kippmechanismus erweitert, der den Spiritus-Rechaud automatisch löschte.

In der Zwischenzeit hatte Toselli mehrere Kaffeeloks produzieren lassen und weitere Verbesserungen ersonnen. Die Glasröhre war nun korkenzieherartig gewunden. Der Tender der Lok transportierte Zucker, Schokoladenkekse, Zigarren und Kaffeelöffel. Etliche Modelle zierte ein Lokführer; andere hatten eine Zuckerdose aus Porzellan, die wie ein Tender geformt war.

Abgesehen von den Keramikloks auf einem silberplattierten oder aus Messing bestehenden Chassis gab es auch Ganzmetallversionen des Modells von Toselli. Äußerlich

6 - Die von Toselli entworfene Kaffeelokomotive aus Porzellan. Die florale Verzierung auf der rosafarbenen Glasur ist handgemalt. Das Gerät ist auf dem Chassis so befestigt, dass es sich nach hinten senkt, wenn der hintere Boiler mit Wasser gefüllt wird. Damit bleibt die Abdeckung des Spiritus-Rechaud oben. Es kippt nach vorn, wenn das heisse Wasser in den vorderen Behälter geflossen ist. Dadurch wird der Rechaud abgedeckt. Die Kaffeelokomotiven waren unterschiedlich ornamentiert. An manchen prangten Mädchennamen, Initialen oder von Blumengirlanden umgebene Familienwappen. Statt mit einem Lokführer können sie auch mit einer Zuckerdose ausgestattet sein. Länge 36 cm, Höhe 38 cm. Aus der Bramah-Sammlung.

6

ist die Ähnlichkeit nicht groß, aber ein Vergleich der Funktionsweise mit den Angaben in der Patentbeschreibung zeigt auf, daß es sich um Tosellis Modelle handelt, mögen sie auch nicht unter seiner Regie angefertigt worden sein.

Wenn man so eine kunstvolle Cafetière in Gestalt einer Lokomotive betrachtet, fragt man sich, wieso nicht auch unsere Epoche mit ihren diversen Raumfahrtprogrammen ein vergleichbares Gerät hervorgebracht hat.

7

7 - Englische silberplattierte Kaffeelokomotive nach einem Entwurf von Toselli. Sie hat den gleichen Mechanismus wie die Porzellanlokomotive, aber der Silberschmied durfte das Äussere nach eigenem Gutdünken gestalten. Länge 39 cm, Höhe 35 cm. Aus der Bramah-Sammlung.

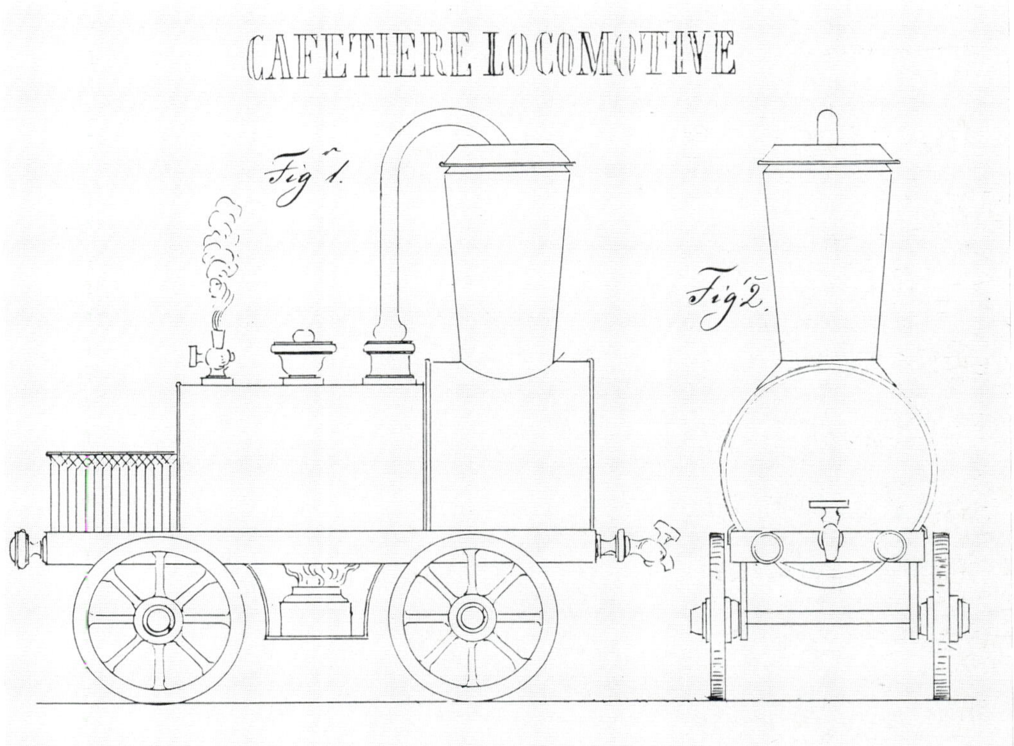

8

8 - 1862 fertigte Toselli die erste Konstruktionszeichnung für eine Kaffeelokomotive an. Das Siphonrohr bestand aus Glas, damit man den hindurchfliessenden Kaffee sehen konnte. Das Sicherheitsventil war zugleich eine Pfeife. 1864 liess er weitere, kompliziertere Modelle patentieren.

DER HYDROSTATISCHE PERKOLATOR

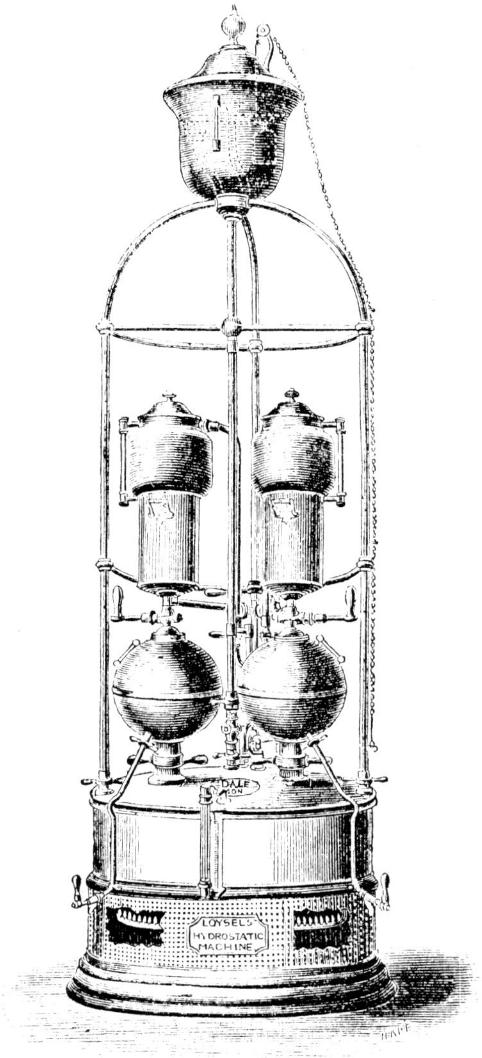

1

1 - Überdimensionierte hydraulische Kaffeemaschine. Sie konnte mehrere Tausend Tassen Kaffee zubereiten, war aber eher eine Kuriosität, da ihre Bedienung kompliziert war.

2 - Silberplattierte Kaffeemaschine von Loysel mit eingravierten Ornamenten. Ähnliche Geräte wurden von 1856 bis zum Ende des Jahrhunderts hergestellt. Zumeist weisen sie innen den Namen "Loysel" und den der Herstellerfirma auf. Aus der Bramah-Sammlung.

Um 1850 hätte man den Eindruck gewinnen können, dass jegliche Kaffeezubereitungsweise bereits erprobt worden sei. In ganz Europa gab es eine verwirrende Auswahl an Geräten — aus diversen Metallen, aus Glas, aus Ton oder Porzellan. Jedes Jahr kamen neue hinzu. Die meisten waren schwierig zu bedienen und setzten sich nicht durch. Aus den Konstruktionszeichnungen der von Eduard Loysel de la Lantais erfundenen Geräte geht hervor, daß seine Modelle sich nicht so sehr von den bisherigen unterschieden. Aber er nutzte höchst erfolgreich ein Prinzip, mit dem man Kaffee in großer Menge zubereiten konnte.

Wasser — überhaupt alle Flüssigkeiten — kann einen enormen hydraulischen Druck ausüben. Wenn zwei unten miteinander verbundene Gefäße, ein schmales und ein breites etwa, auf der gleichen Höhe stehen, ist der Wasserspiegel in beiden gleich hoch. Gießt man ins schmalere Gefäß Wasser ein, wird es das größere Gewicht des Wassers im breiteren hochdrücken, bis beide abermals denselben Pegel aufweisen. 1647 legte Blaise Pascal die physikalischen Gesetze dar, derer man sich z.B. bei der hydraulischen Presse oder bei anderen mit Flüssigkeiten betriebenen Geräten bedient. Pascal hinterließ sogar die Konstruktionszeichnung für eine Maschine, mittels derer man mit Hilfe des hydrostatischen Druckes Gewichte heben könnte. Da er ein Theoretiker war und aus seinen Erkenntnissen keinen praktischen Nutzen ziehen wollte, verfolgte er die Sache nicht weiter. Wer von seiner Entdckkung wußte, hatte keine Verwendung dafür. Und die Leute, die etwa eine Hebemaschine in den Mühlen oder Werften gut hätten gebrauchen können, hatten von Pascals Erkenntnissen keine Ahnung. Erst zur Zeit der Industriellen Revolution nutzte man die hydraulische Kraft, um schwere Gewichte zu heben. Loysel de la Lantais hingegen, der ein Bauingenieur war, verwendete sie als erster bei der Zubereitung von Kaffee.

Eduard Loysel de la Lantais, 1816 in der bretonischen Kleinstadt Vannes geboren, war Franzose. Schon sein Vater und sein Grossvater waren Bauingenieure gewesen. Ihnen unterstanden die Brücken und das Straßennetz der dortigen Region. Von 1838 bis 1840 war Loysel Professor für Physik und industrielle Mechanik in Marseille und schrieb mehrere Bücher über die Anwendungsmöglichkeiten der Mechanik. Aber hauptsächlich betätigte er sich als Erfinder und verkaufte seine Maschinenpatente an Fabrikanten in Frankreich und England. Von 1844 an hatte er einen Wohnsitz in England, wo er sich 1849 einbürgern ließ. Allerdings verbrachte er einen großen Teil des Jahres noch immer in Frankreich. 1854 faßte

2

er seine sämtlichen "hydrostatischen Kaffeemaschinen" zu einem Patent zusammen, das in seinem Geburtsland und in England Gültigkeit hatte.

Da Loysel seine Geräte auf der Pariser Weltausstellung 1855 präsentieren wollte, entwickelte er ein Küchenmodell, einen Eßzimmerperkolator und Restaurantkaffeemaschinen, die zweitausend Tassen in der Stunde produzieren konnten. Die kleineren Geräte besaßen ein langes Rohr, in das man Wasser gießen musste. Die größeren hatten noch längere Rohre, damit der Wasserdruck zustande kam, auf dem ja das hydraulische Anwendungsprinzip beruht. Sie waren mit einem immer komplizierter werdenden Mechanismus von Leitungen, Ventilen und Absperrhähnen ausgestattet. Eine Heizquelle unter dem Gerät sorgte für den nötigen Dampfdruck. Loysel wies stets darauf hin, daß diese nur dazu diente, das Wasser emporsteigen zu lassen. Es wurde ja nicht dadurch durch das Mahlgut gedrückt, sondern durch den hydrostatischen Druck.

Obwohl seine großen Geräte besser für die Extraktion von Zuckerrüben, Hopfen oder Malz geeignet waren, zogen sie bei der Weltausstellung von 1855 die Besucher in Scharen an und machten Loysel weithin bekannt.

Seine für den Eßzimmertisch gedachten hydrostatischen

3

Kaffeemaschinen kann man heute noch antreffen. Die von der Firma Shaw & Fisher in Sheffield aus Kupfer oder Britanniametall hergestellten Exemplare weisen innen den Prägestempel des Fabrikanten, die Bezeichnung *Loysel Patent* und Loysels Signatur auf. Der Deckel läßt sich umgedreht als Trichter zum Einfüllen des Wassers in das Rohr verwenden.
Die späteren Modelle haben einen separaten Trichter.
Loysels Geräte sind ausnehmend hübsche Kaffeemaschinen mit allen Merkmalen der viktorianischen Epoche und wurden in den Warenkatalogen der großen Kaufhäuser und Eisenwarenhändler jahrzehntelang angeboten. Es gab sogar hysdrostatische Teekannen.
1855 erreichte Loysels Karriere ihren Höhepunkt. Er hielt Vorlesungen über hydrostatische Maschinen am Polytechnikum für Zivilingenieure in London und wurde sogar Mitglied des Professorenkollegiums. Die nächsten Jahre verbrachte er in Paris, wo er in der Rue de Faubourg-Montmartre wohnte. Als er 1864 nach England zurückkehrte, hatte die Hydrostatik bei der Verbesserung der Kaffeemaschinen ausgedient. 1865 starb er, nachdem er sich über zwanzig Jahre um die Herstellung besserer Kaffeemaschinen bemüht hatte.

4

3 - "Le Café du Percolateur" am Place du Palais-Royal in Paris. Die Pariser kamen zu Tausenden, um sich Loysels riesige hydrostatische Kaffeemaschine anzusehen. Die Illustration entstand um 1857.

4 - Drei Loysel-Perkolatoren mit aufgesetztem Deckel. Aus der zweiten Hälfte des 19. Jhdts. Das Gerät links hat ein Fassungsvermögen von etwa drei Litern. Es ist silberplattiert und wurde von Shaw & Fisher in Sheffield hergestellt. Der Perkolator in der Mitte fasst etwa drei Liter und wurde von E.F. Griffith & Co. in Birmingham angefertigt. Das rechte Gerät konnte zwei Liter Kaffee zubereiten, besteht aus Britanniametall und wurde von Shaw & Fisher hergestellt. Aus der Bramah-Sammlung.

5 - Dieselben Perkolatoren mit den Einfüllschalen.

6 - Loysels Patentzeichnung eines hydrostatischen Perkolators. Der Deckel wurde zu einem Trichter. Das Gewicht des heissen Wassers in dem Zylinder reichte aus, um es von der Basis durch das Mahlgut hochzudrücken. Wird das Getränk entnommen, passiert es das Mahlgut ein zweites Mal.

5

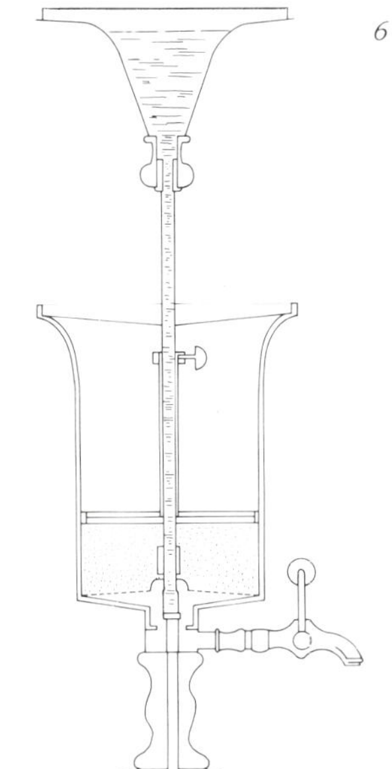

6

DIE KAFFEEZUBEREITUNG IN DEN VEREINIGTEN STAATEN

1 und 2 - Zwei Pennsylvanien-Kannen aus der Zeit zu Beginn des 19. Jhdts. Sie bestanden aus Zinn und waren bemalt. Wesentlich schlichter sind die typischen Cowboy-Kannen, die man im Freien auf der Glut vor sich hin köckeln liess. Aus dem American Museum von Bath in England.

3 und 4 - Patentzeichnungen von frühen amerikanischen Kaffeemaschinen. Noch zu Beginn unseres Jahrhunderts experimentierten amerikanische Erfinder mit Konstruktionen, die in Europa längst bekannt waren.
Links: Perkolator-Urne von G.E. Savage und J.W. Chapman, 1906. Rechts: Seihkanne von W.H. Bruning, 1920.

John Smith, der Gründer der Kolonie Virginia im Jahre 1607, lernte den Kaffee auf seinen Reisen durch die Türkei kennen. Es gibt allerdings keinen Hinweis darauf, daß er Kaffeebohnen nach Amerika mitbrachte. Die Holländer, die 1624 Manhattan besiedelten, mögen Kaffee, wenn überhaupt, in den darauffolgenden Jahren nur in kleinen Mengen eingeführt haben. Erwähnt wird nichts davon. Mit der *Mayflower* brachte man 1620 auch einen Holzmörser und einen Stößel in die Neue Welt, mit denen man, freilich erst viel später, geröstete Kaffeebohnen zerstieß.

In den amerikanischen Kolonien erhielt Dorothy Jones 1670 in Boston die erste Lizenz für einen Kaffeeausschank. Doch von einem ausgesprochenen Kaffeehandel ist erstmals 1683 die Rede, als William Penn, der große Mann Pennsylvaniens, sich auf dem Markt in New York mit einem Vorrat an grünen Kaffeebohnen eindeckte. Das halbe Kilo kostete ihn fast ein Pfund Sterling. Um 1700 entstanden die ersten Kaffeehäuser in Boston, New York und Philadelphia. Selbst als die Preise fielen, war das Kaffeetrinken außerhalb der wenigen größeren Städte kaum verbreitet. Und von 1776 an, als der Unabhängigkeitskrieg begann, war der Handel ohnehin schwer in Mitleidenschaft gezogen.

Zu dieser Zeit waren die Hauptlieferanten von Kaffee Holländisch-Ostindien, Arabien, Haiti und Jamaika. Transportiert wurde er auf holländischen und britischen Handelsschiffen. 1804 brachten auch amerikanische Schiffe Ladungen aus Ostindien. 1810 kam die erste Ladung aus Brasilien in Salem, Massachusetts, an. Die später so riesigen Kaffeeplantagen in Brasilien wurden erst angelegt. Die Jahresproduktion betrug damals knapp 30.000 Sack. Um 1871 belief sie sich schon auf über zwei Millionen.

Gegen Ende des 18. Jahrhunderts begann sich der Kaffeehandel mit Amerika und Europa unterschiedlich zu entwickeln. Großstädte wie Amsterdam, London oder New York hatten Kaffeebörsen, wo die Importeure von noch grünen Kaffeebohnen ihre Schiffsladungen absetzten. Aber in Amerika entstanden in jeder größeren Stadt Kaffeeröstereien. Männer wie Jabez Burns oder Benjamin Green Arnold, die "Kaffeekönige", verdienten sich damit ein Vermögen. Die Röstereien und Mühlen wurden zu regelrechten Fabriken. Um 1845 gab es in und um New York so viele kaffeeverarbeitende Betriebe, daß man mit ihnen den gesamten Kaffeebedarf Großbritanniens hätte decken können. Daß es zur Entwicklung von automatischen Verpackungsanlagen kam, war unausbleiblich. Dadurch hörte das auf, was in Europa im 19. Jahrhundert noch allgemein üblich war, daß nämlich der Kaffee zu Hause geröstet wurde. Weil man in diesem Bereich viel Geld verdienen konnte, konzentrierten sich die Erfinder auf diesen Sektor der Kaffeeverarbeitung.

Die vermögenden, längst etablierten Familien in den Vereinigten Staaten besaßen Kaffeekannen aus in Amerika geschürftem Silber oder Kupfer, die im europäischen Stil angefertigt waren. Die Millionen Einwanderer,

1

2

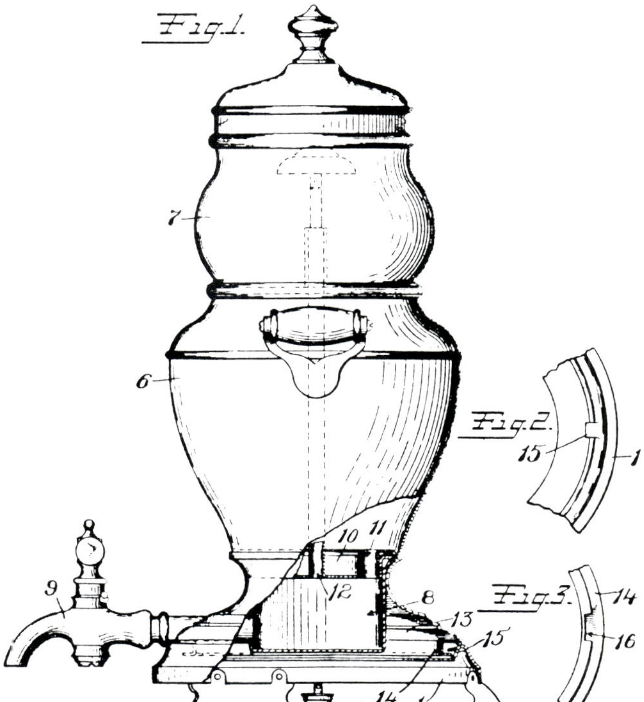

3

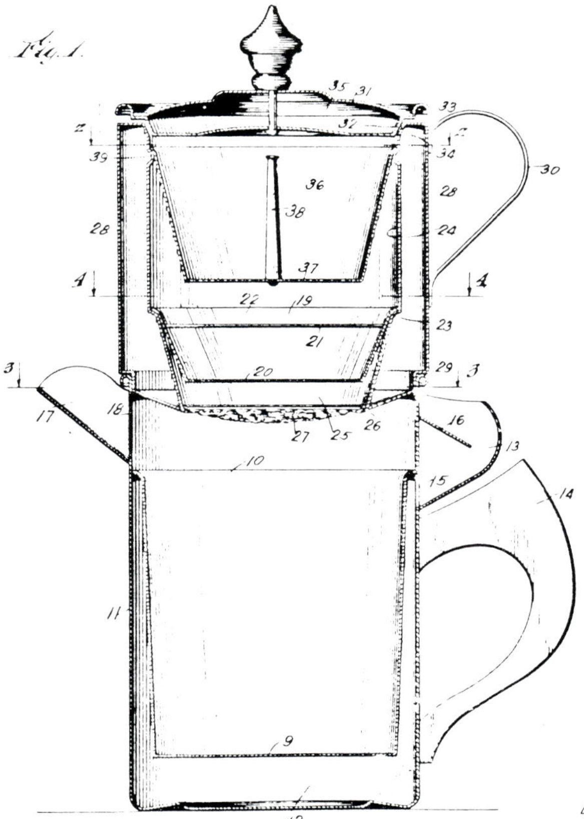

4

die im 19. Jahrhundert aus Europa kamen, brachten keine Kaffeekannen mit und konnten sich anfangs auch keine leisten. Sie sotten grob gemahlenen Kaffee in einer Pfanne auf dem Herd oder über dem offenen Feuer. Die Zeit schwankte zwischen einer Viertel- und einer halben Stunde. Die *Cowboy-Kanne,* die wohl jedermann aus den Western-Filmen kennt, war das allgemein übliche Kaffeezubereitungsgerät.

Wegen der riesigen Entfernungen zwischen den Städten und den verstreuten Ortschaften, auch wegen der mangelnden Kommunikation verbreiteten sich neue und bessere Zubereitungsweisen nur langsam. Mit diversen Kochbüchern versuchte man der amerikanischen Hausfrau beizubringen, daß sie "den Kaffee nicht sieden" sollte. Man pries den Gebrauch von *Biggins.* Aber noch 1844 riet die Redaktion der Zeitschrift *The Kitchen Directory and American Housewife* den Leserinnen, einen Eßlöffel gemahlenen Kaffee auf einen halben Liter Wasser zu verwenden. Das Ganze sollte dann in einem Zinngefäß zwanzig bis fünfundzwanzig Minuten gekocht werden, keineswegs länger, da das Getränk sonst nicht "mehr so frisch und aromatisch" munden würde.

In Europa, zumal in Paris und Wien, wurden damals immer ausgeklügeltere Kaffeezubereitungsgeräte entwickelt. Die kostbareren konnten sich zwar nur die Vermögenden leisten, aber selbst minder begüterte Leute besaßen hübsche Geräte aus Kupfer, Messing oder Britanniametall. Es gab auch preisgünstige kunstvoll ornamentierte Porzellankannen. Das ließ sich darauf zurückführen, daß die Zahl der einschlägigen siche Mams'cript S. 65/66 Fertigkeiten und die erforderlichen Absatzmöglichkeiten. Die von den stetig nach Westen vorrückenden Siedlern geprägte Gesellschaft in den Vereinigten Staaten hatte all das noch nicht. Auch die Materialien waren nicht immer verfügbar. Die verschiedenen Kaffeezubereitungsweisen mußten zunächst erlernt werden.

In New Orleans, das einen beträchtlichen französischsprachigen Bevölkerungsanteil hatte, verwandte man Seihkannen. Aber den Kaffee fand man erst dann genießbar, wenn das Gebräu selbst eine Porzellantasse färbte. Mit den emaillierten oder mit Lackfarben verzierten *Pennsylvanien*-Kannen — die Ornamentierung folgte keinem feststehenden Muster — bildete sich ein typisch amerikanischer Stil heraus.

6

7

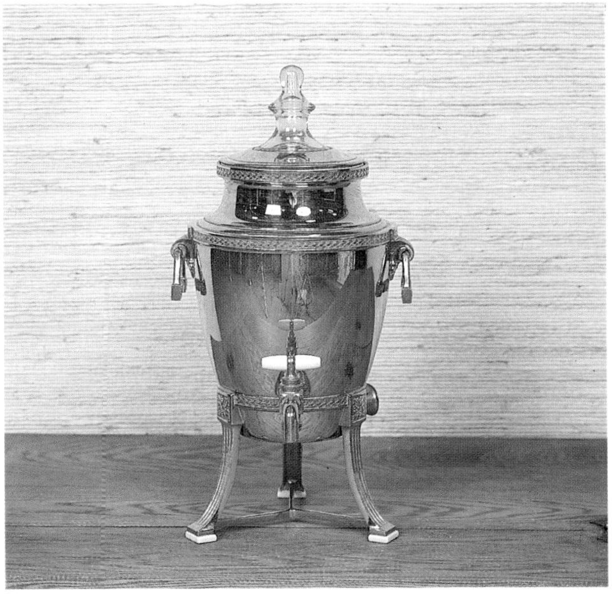
8

9

10

11

5 - Die Zeichnungen sind Ukers' Buch "All About Coffee" entnommen. Sie zeigen die gebräuchlichsten Kaffeezubereitungsgeräte in Europa und Amerika im 19. Jhdt. Die Suche nach solchen Geräten führte schliesslich zu der Sammlung, die die Autoren zusammengetragen haben.

6 bis 11 - Eine Auswahl von ansehnlichen amerikanischen Kaffeemaschinen. Die Photographien stellte das John Conti-Museum von Louisville im amerikanischen Bundesstaat Kentucky zur Verfügung.

In den Vereinigten Staaten setzten sich halbautomatische Kaffeemaschinen nur allmählich durch. Manche besaßen Kondensationsgefäße auf der Kanne, die den Kaffeedampf auffingen und die aromatischen Essenzen zurückleiteten, wo man ihnen durch zu langes Kochen den Garaus machte. Die Ratschläge des Grafen Rumford wurden zwar in seinem Heimatland verbreitet, aber nur höchst selten befolgt.

Typisch für die Zeit ab der Mitte des 19. Jahrhunderts war der zinnplattierte *Old Dominion Coffee Pot,* den Waite & Senner 1856 auf den Markt brachten. Das *Ladies' Home Magazine* beschrieb seinen Gebrauch folgendermaßen: "Stellt man die Kaffeekanne — selbstverständlich eine *Old Dominion,* da die Zubereitung in einem gewöhnlichen Gefäß durch Zerstörung des Aromas den Kaffee ruinieren würde — auf den Ofen, den Küchenherd oder nahe dem offenen Feuer, damit sie die ganze Nacht über bis zur morgendlichen Verwendung heiß bleibt, hat das Getränk am Morgen einen kräftigen, milden und köstlichen Geschmack".

"Den Kaffee für die Abendmahlzeit sollte man unmittelbar nach dem Mittagessen aufs Feuer oder in dessen Nähe stellen und ihn den ganzen Nachmittag heiß halten, aber nicht kochen lassen".

Es ist schon erstaunlich, daß man sich soviel Mühe gab, das Aroma und die sonstigen Bestandteile des Kaffees zu erhalten, wenn man das Gebräu letztlich bis zur gänzlichen Fadheit dahinköcheln ließ.

Von 1875 an kamen in zunehmender Anzahl nickelplattierte Geräte auf. Darauf spezialisierte Fabrikanten wie Manning-Bowman begannen den Markt zu beherrschen. Sie übernahmen die französische Seihkanne, die in den Vereinigten Staaten zumeist *Biggin* genannt wurde. Sie war mit einem hölzernen Presser ausgestattet, mit dem man das Mahlgut besser zusammendrücken konnte, um mehr Extrakt zu gewinnen.

12

12 - Zwei Universal-Kaffeeperkolatoren der Firma Landers, Frary & Clark in New Britain, Connecticut. 1894 patentiert. Die eine besteht aus Kupfer, die andere ist vernickelt. Sie wurden in grosser Anzahl auch in Grossbritannien verkauft.

Das war eine — wenn auch grobschlächtige — Verbesserung. Verwunderlich ist es schon, daß man die Kenntnisse der Europäer schlichtweg ignorierte. Eine Erklärung wäre, daß die Amerikaner anfangs möglichst starken Kaffee bevorzugten. Der Kaffee in Europa war ihnen zu dünn. Eine Jahrhundert lang mäkelten die Amerikaner, wenn sie Europa besuchten, darüber. Deswegen ist es nicht verwunderlich, daß sie schließlich auf den Pumpperkolator kamen, mit dem sich die Franzosen und die Deutschen nicht anfreuden mochten.

Erst in unserem Jahrhundert gelangten solche Geräte, keineswegs freudig willkommen geheißen, auf den europäischen

a b c d e f

13

13 - Sechs in Amerika überaus populäre Kaffeemaschinen, aus den ersten Jahren unseres Jahrhunderts. (a) Kin-Hee-Kippkanne. 1900. (b) Tru-Bru-Kanne von 1911. 1920 verbessert. (c) Der sogenannte **Tricolator** von 1920. Zuvor unter dem Markennamen Make-Right vertrieben. Es war eine simple Seihkanne. (d) Phylax-Kaffeefilter. Man setzte ihn auf jede beliebige Kaffeekanne, die so zur Seihkanne wurde. 1921. (e) Galt-Vakuum-Kaffeekanne. 1914. (f) Blankes Leinenfiltersäckchen. 1909.

14 - Die Bencini-Kanne von 1838. Der Kaffee wurde im unteren Behälter aufgebrüht. Der obere diente als Kondensator; damit sollte das Aroma bewahrt werden. Aus der Bramah-Sammlung.

15 - Ein kufpernes Modell der Old Dominion-Kaffeekanne, die die von 1856 an, als sie erfunden wurde, das beliebteste Kaffeezubereitungsgerät in den Vereinigten Staaten war. Aus der Bramah-Sammlung.

16 - Ein Aluminium-Perkolator. Erhitzt wurde er auf einem Herd. Das Modell war noch vor einigen Jahren überaus beliebt.

14

15

16

Markt. Schon um 1890 stellte die Firma Manning-Bowman sie in Amerika her. Die Heizquelle befand sich unmittelbar darunter. Sie besaßen ein Innenrohr und eine Glashaube. Ihr größter Nachteil war, daß die Kaffeezubereitung ziemlich lange dauerte. Auch wenn die Wassermenge im unteren Teil, in den das Rohr hineinreichte, nur klein war, pumpte der Perkolator erst nach zwanzig Minuten Wasser nach oben. Doch sobald das eintrat, konnte man das Gerät beliebig lange sich selbst überlassen, bis selbst der letzte Aromarest entschwunden war. Dazu kam es auch, als man elektrischen Strom zum Heizen verwendete.

Obwohl es so schien, als würde sich der Pumpperkolator allenthalben in den Vereinigten Staaten durchsetzen, kam ein weiteres Kaffeezubereitungsgerät auf den Markt. Die *House Furnishing Review* vom Januar 1894 schilderte es so: "Was wie eine perfekte Kaffeemaschine in kleinerem Maßstab aussieht, ist das Patent eines Engländers. Sie besteht aus einer Glaskugel oder einem Boiler, der mittels Drehzapfen an einem ornamentierten Ständer befestigt ist. Darunter ist ein Spiritus-Rechaud. Ein trichterförmiges Gefäß, das — die Verbindungsstelle ist mit einem Korken abgedichtet — genau in die Boileröffnung paßt, bildet den anderen Teil des Geräts". Diese Neuheit war weder so neu noch war sie das Produkt eines Engländers. Es war die wiederbelebte Doppelglasballon-Cafetière aus den 40er Jahren des 19. Jahrhunderts.

17

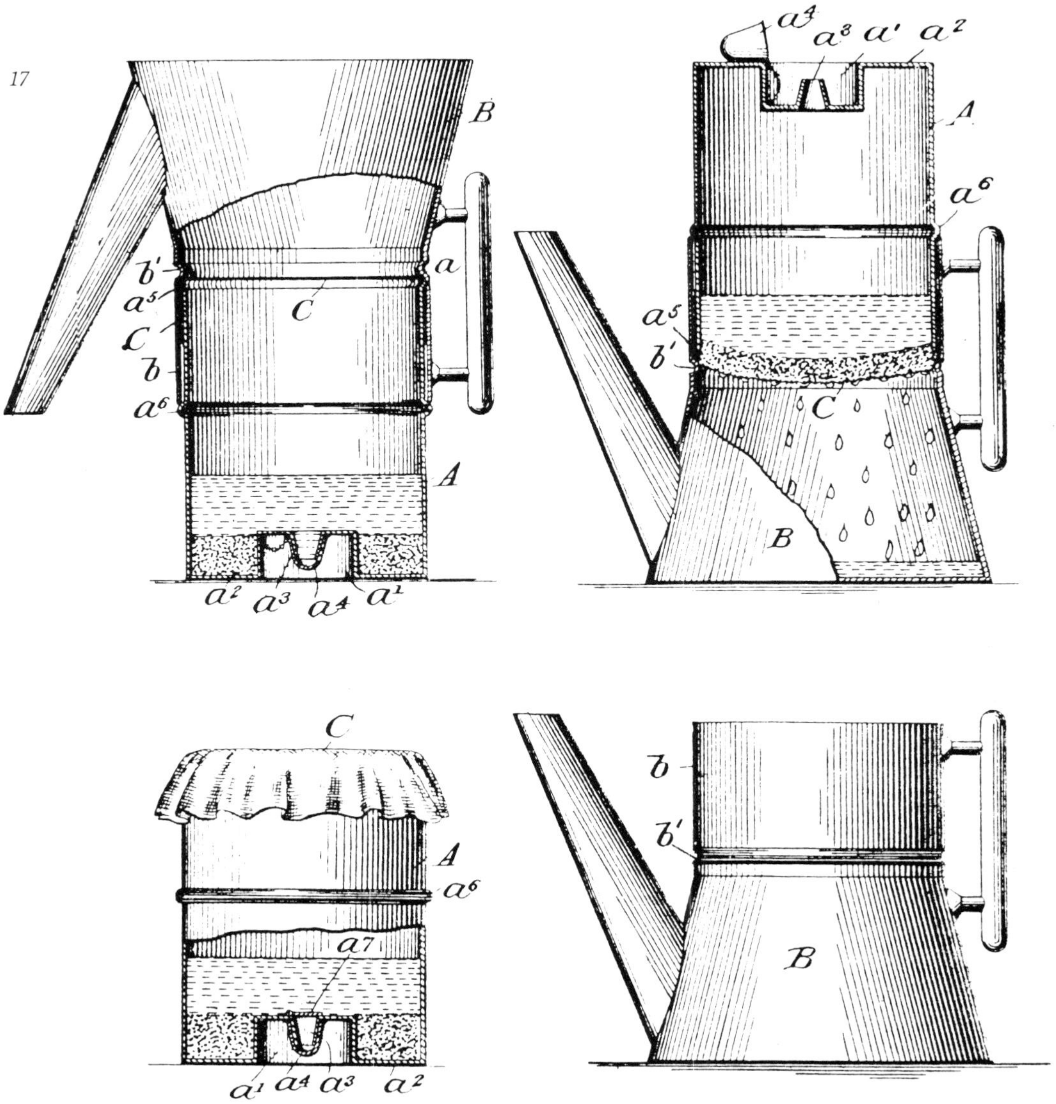

17 - Die amerikanische Version der von C. Lewis 1900 patentierten Kippkanne. Schwerfällige Zeichnungen wie diese unterscheiden sich augenfällig von den fein gestrichelten Illustrationen, wie sie vor siebzig Jahren entstanden.

Zwei Schwestern, die in Salem, Massachusetts, lebten, hatten die Patentrechte erworben. 1909 ließ die eine für das Gerät, das unter dem Markennamen *Silex* vertrieben werden sollte, einen eigens konstruierten Rechaud anfertigen. Die beiden Glasgefäße wurden aus dem unlängst entwickelten Pyrex-Glas hergestellt. Mittlerweile war soviel Zeit vergangen, daß man die Glasballon-Cafetière den Kaffeekonsumenten als etwas gänzlich Neues und Modernes andienen konnte. Und die Leute freundeten sich denn auch mit dem vermeintlicherweise typisch amerikanischen Produkt bereitwillig an.

FIN-DE-SIÈCLE-KAFFEEMASCHINEN

Wärend man immer ausgeklügeltere Kaffeemaschinen entwickelte, wurde Kaffee in manchen Gegenden weiterhin auf eine Weise zubereitet, die ich nur mit einem gewissen Vorbehalt erwähne. Ich meine die Extraktion mit kaltem Wasser, wozu man nur ganz einfache Geräte brauchts. In den ländlichen Gebieten von England und auch im übrigen Europa wurde der Kaffee schon seit Generationen auf diese Art zubereitet. Auch in den Vereinigten Staaten war sie nicht unbekannt.

Dazu benötigte man nur einen Topf oder eine Pfanne, gemahlenen Kaffee und kaltes Wasser. Allerdings mußte die Mahlgutmenge größer sein als beim Filtern mit heißem Wasser. Nachdem man kaltes Wasser über das Mahlgut gegossen hatte, wurde die Mixtur die ganze Nacht oder tagsüber stehengelassen und sodann abgeseiht, worauf man den Extrakt sachte erwärmte. Wer diese Art von Kaffee mochte, war von dem milden, feinen Geschmack angetan. Vor allem der Säuregehalt war gering. Der Vorteil dieser Methode war ihre Einfacheit. Mittlerweile gibt es ein modernes Gerät aus Japan, in dem man Kaffee gleichfalls mit kaltem Wasser zubereiten kann.

Die Kaffeemaschinen in der zweiten Hälfte und gegen Ende des 19. Jahrhunderts wurden

1

2

1 - Italiensiche Dampfdruckkanne aus dem letzten Viertel des 19. Jhdts. Aus der Lavazza-Sammlung.

2 - Die Wika-Kaffeemaschine, die in Deutschland und Österreich um 1900 grossen Anklang fand. Dieses Modell besteht aus Messing; es gab aber auch vernickelte Versionen. Es hat einen Innenbehälter, aus dem kaltes Wasser in den Boiler tröpfelte, wo es mit dem Mahlgut allmählich erhitzt wurde. Wenn sich der Glasdeckel beschlug, wurde die Wärmequelle entfernt.

3

komplizierter, bekamen ein dem Zeitgeschmack angepaßtes Design und wiesen zumeist eine Nickelplattierung auf. Wenn ein Patent auslief, wurde das jeweilige Modell von Fabrikanten in ganz Europa angefertigt und als eigenes Produkt vertrieben. Vom Handwerklichen, Künstlerischen oder Stilistischen her ist diese Epoche nicht eben ergiebig. Noch immer bemühte man sich, eine Vorrichtung zu erfinden, die die Heizquelle selbsttätig ausschaltete.

Aber das funktionierte nur, wenn man die Geräte richtig bediente und nach Gebrauch sorgfältig reinigte. Wer sich inzwischen an die Vorteile der Gasbeleuchtung oder es Heizens und Kochens mit Gas gewöhnt hatte, wollte sich kaum noch mit einem Gerät abgeben, das weder narrensicher noch statusträchtig war. Die meisten wurden binnen kurzem ausrangiert und landeten auf dem Schrotthaufen.

4

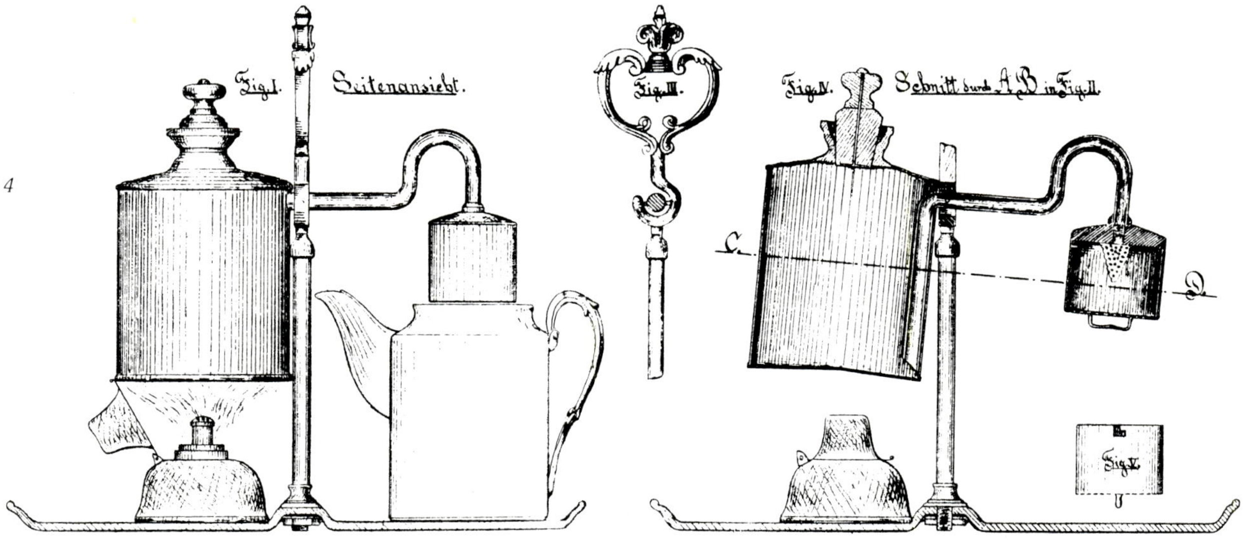

3 und 4 - Kippdampfdruckkanne von Eicke, Berlin 1878. Sie war leicht zu montieren und auseinanderzunehmen und löschte den Rechaud selbsttätig. Überdies konnte man eine beliebige Kaffeekanne verwenden. Aus der Bramah-Sammlung.

Das Erfinden oder Entwickeln immer neuer Modelle wurde zu einem international lukrativen Geschäft. Patente wurden zumeist in mehreren Ländern angemeldet, selbst wenn man das Gerät nicht überall produzieren wollte. Mit dieser Vorsichtsmaβnahme wollte man lediglich Konkurrenten im Ausland abschrecken. Der geschäftliche Erfolg hing in zunehmendem Maβ von der Serienfertigung ab, von der Reklame und der Aufnahme ins Sortiment der Haushaltswarengeschäfte, der neuen Groβkaufhäuser und — zumal in den Vereinigten Staaten — der Postversandfirmen, die die Landbevölkerung mit Konsumgütern versorgten.

Nur wenige Kaffeemaschinen wurden tatsächlich verbessert. Zu diesen gehörte die sogenannte *Potsdamer Kanne* mit ihrer hübschen ovalen Form. Sie war schwenkbar und befand sich, an einem Gestell befestigt, über einem Spiritus-

5

*5 - Das Modell **Cafetta**, in dem Wasser und Mahlgut zusammen erhitzt wurden. Wenn das Wasser kochte, blies aufgrund des Dampfdrucks die Pfeife im Deckel. Aus der Bramah-Sammlung.*

6 und 7 - Schwedische Kaffeemaschinen. Das Wasser und der gemahlene Kaffee wurden zusammen in einem Glasbehälter auf dem Herd erhitzt. Danach kamen sie in einen Metallbehälter, damit das Getränk warm blieb. Mit freundlicher Genehmigung von Robert Krasnai, Stockholm.

*8 - Die 1892 hergestellte Version der **Vienna Incomparable**, der Unvergleichlichen aus Wien, von der Firma Schaffler & Safft. Der Kippmechanismus löst automatisch die Rechaud-Abdeckung aus und löscht die Flamme.*

6

7

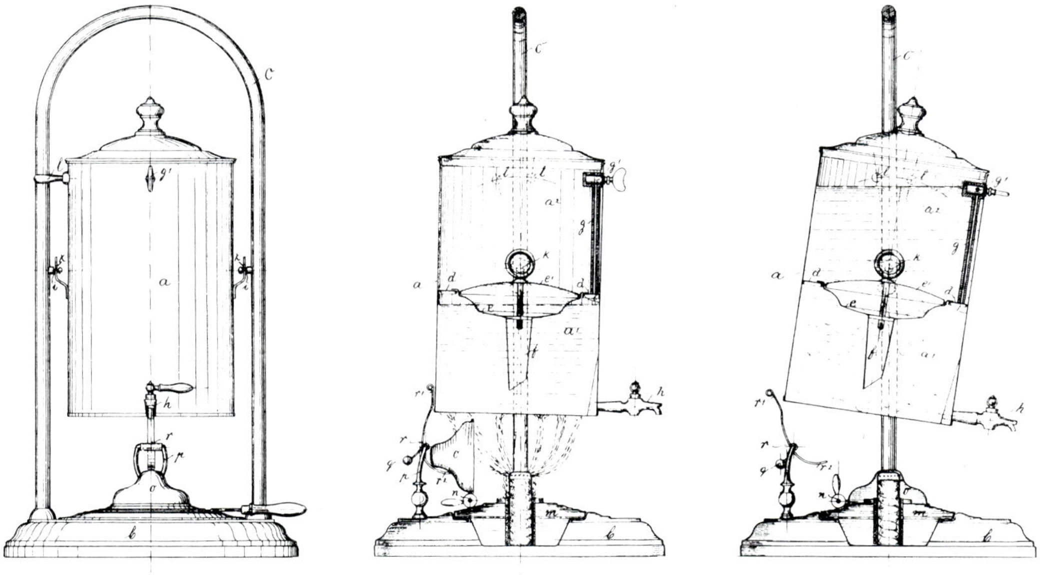

8

Rechaud. Ein weiteres Gerät, das allerdings keine eigene Heizquelle besaß, war die *Stößel-Kanne* oder der *Plunger Pot,* wie man sie im englischsprachigen Raum nannte. In ihr wurde Kaffee ähnlich zubereitet wie Tee in einer Teekanne. Ein Sieb vom selben Durchmesser wie das Gefäßinnere wurde mit Hilfe eines Holzgriffs bis zum Boden durchgedrückt, trennte den Satz vom Extrakt und hielt ihn zugleich am Boden fest. Das Gerät war überaus beliebt und kam nie aus der Mode.

Doch die am häufigsten gebrauchte Kaffeemaschine in Nordeuropa war die *Madame Bleu,* eine hohe, emaillierte Kanne mit einem Sieb im unteren Teil. Sie war nicht immer blau. Es gab auch mehrfarbige Exemplare, die noch mit Tupfen, Streifen oder Blumen verziert waren. Vor einigen Jahren konnte man solche Kannen in einschlägigen Läden oder auf Trödelmärkten noch reichlich finden. Inzwischen sind sie selten geworden.

Filterkannen gab es auch in Italien, wenngleich dort Perkolatoren und Dampfdruckgeräte weithin verbreitet waren. Die Zubereitungsmethoden wie auch die Neuentwicklungen wurden noch aus dem Ausland bezogen. Die Espressomaschine, Italiens herausragender Beitrag zum

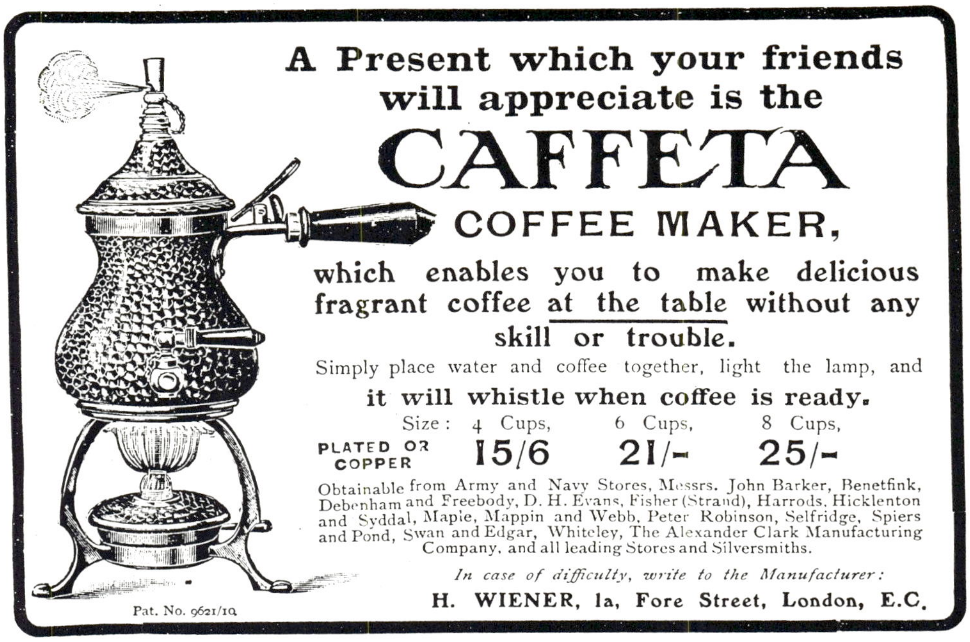

9

10

11

9 - Eine Anzeige aus dem Jahr 1910 für die ***Caffeta****.*

10 - Dampfdruckgerät aus Bayern. Über ein Auslassrohr fliesst das Getränk in eine Kaffeekanne. Mit freundlicher Genehmigung der Ursula Becker-Sammlung, Köln.

11 - Zweiteiliger Rechaud-Perkolator mit Zapfhahn. Ein englisches Produkt aus den Dreissigerjahren. Mit freundlicher Genehmigung der Ursula Becker-Sammlung, Köln.

12

12 - *Zwei in Italien überaus populäre Kaffeekannen. Links die* **Napoletana**, *eine Abwandlung der Kippkanne. Das Wasser wurde auf dem Herd erhitzt, worauf es dann — das Gerät wurde umgedreht — durch das Mahlgut lief. Rechts die* **Milanese**. *Das Mahlgut befand sich in einem Seihbehälter im oberen Teil.*
Das kalte Wasser wurde bis dorthin eingefüllt. Wenn das Wasser kochte, drang es durch das Mahlgut, bis man den Extrakt für stark genug erachtete. Man entfernte die **Milanese** *vom Herd, worauf der Extrakt sich sammelte, während der Kaffeesatz zurückblieb. Aus der Fumagalli-Sammlung.*

13

Siegeszug des Kaffees, sollte erst viel später entwickelt werden.

Interessant ist in diesem Zusammenhang, daß die gesellschaftliche Bedeutung der Kaffeehäuser allenthalben immer mehr zunahm. In England erreichten sie den Höhepunkt ihrer Popularität, als die Monarchie unter Karl II. wieder hergestellt wurde und sich die ersten Finanzinstitute herauszubilden begannen. Doch als die Geschäftsleute und Handelsherren ihre Transaktionen immer öfter in ihren Kontoren abwickelten, verloren die Kaffeehäuser für sie an Reiz. Auch die Literaten und Intellektuellen blieben weg. Neue Treffpunkte wurden die diversen Clubs.

Die Cafés im übrigen Europa hingegen blieben Stätten der Geselligkeit, da sie mehr Komfort und einen reichhaltigeren Service boten. Dort trafen sich Schriftsteller, Journalisten, Politiker und sonstige Schöngeister und diskutierten nicht nur bei einer Tasse Kaffee über all die Ereignisse, die die damalige Welt bewegten. Nur in England und in den Vereinigten Staaten war es nicht so, daß sich ein gut Teil des gesellschaftlichen Lebens in den Cafés abspielte.

Auch die zunehmende Zahl von Touristen trug zur Beliebtheit der Cafés bei. Die bisher üblichen Kaffeeurnen reichten

14

15

16

13 - Kaltwasserinfusionsgerät aus Japan in zwei Grössen. Höhe 85 cm bzw. 40 cm. Mit freundlicher Genehmigung der International Coffee Organisation, London.

14 - Die ***Madame Bleu****, die populärste für den Haushalt entwickelte Kaffeekanne in Europa.*

15 - Die deutsche Mokavar-Seihkanne.

16 - Eine typische Perkolator-Kanne aus Europa, die auf dem Herd erhitzt wurde.

17

nicht aus, Kaffee in solcher Menge zu produzieren. Überall versuchte man, zweckdienlichere Geräte zu entwickeln. Und für diese nutzte man erstmals die vielfältigen Möglichkeiten, die die Elektrizität bot.

*17 - Der **Potsdamer Boiler**, auch russische **Eikanne** genannt, die wohl gefälligsten Seihkannen. Diese beiden wurden in Paris hergestellt. Aus der Bramah-Sammlung.*

18 - Kupferne Umdrehkannen aus England, die genauso funktionierten wie die Doppelglasballongeräte um 1840. Aus der Bramah-Sammlung.

18

KAFFEEMASCHINEN IM GROSSFORMAT

Ein besonderes Problem war es von jeher gewesen, Kaffee in grosser Menge zu produzieren und servierbereit zu halten. Die Kaffeetrinker wußten um die Schwierigkeiten, auch wenn sie mitunter das servierte Getränk bemängelten. Aber man mußte sich eben damit abfinden. Man konnte nicht in einer Kantine oder sonstwo den gleichen Kaffee erwarten, den man zu Hause gewöhnt war. Trotzdem wurde der Wunsch nach etwas Besserem immer lauter geäußert.

Hundertfünfzig Jahre von der Einführung des orientalischen Muntermachers in Europa an war der Kaffee zumeist gesotten oder in heißem Wasser extrahiert worden. Die Kaffeekannen enthielten immer etwas Kaffeesatz. Größere Mengen wurden in großen Kesseln auf dem Herd oder über dem offenen Feuer zubereitet und hernach in Kannen gefüllt. Eine bessere Methode setzte sich durch, als man zu Beginn des 19. Jahrhunderts sich den Dampfdruck des Wassers zunutze machen konnte.

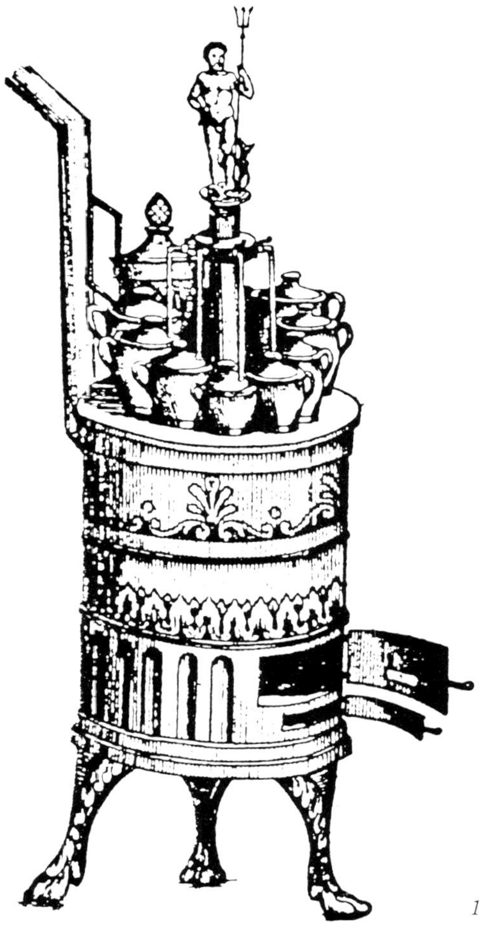

1 - Dinglers 1815 in Deutschland patentierte Kaffeemaschine, mit der man Kaffee in grosser Menge herstellen konnte.

Eins der ersten Geräte war der Dingler-Boiler von 1815, eine deutsche Erfindung, die, bedenkt man ihr Alter, erstaunlich zweckdienlich wirkt. Da man sich nicht nur mit der Funktionsweise, sondern auch mit dem Äußeren große Mühe gegeben hatte, ist der Dingler-Boiler überaus gefällig. In dem Boiler erzeugte man den Dampfdruck, der dann über ein System von Ventilen und Röhren zu einer Reihe von Kaffeekannen geleitet wurde, die heißes Wasser und das Mahlgut enthielten. Der Dampf ließ die Temperatur steigen und verwirbelte zugleich die Mixtur. Diese Methode ähnelt der bei den Kaffeemaschinen, die unter anderem auch die Milch erhitzen oder schaumig wirbeln. Mit der Einleitung von Dampf lassen sich Flüssigkeiten gut erhitzen. Allerdings muß die Apparatur, die den Dampf erzeugt, verläßlich und kontrollierbar sein. Der Dingler-Boiler war damals eigentlich ein Vorgriff auf die Zukunft.

Die meisten der in der zweiten

Hälfte des 19. Jahrhunderts für den Haushalt entwickelten Kaffeemaschinen konnten Kaffee in größerer Menge nicht liefern. Die Doppelglasballon-Cafetièren und Parallelsiphons ließen sich über ein bestimmtes Maß hinaus nicht vergrößern. In großen Haushalten und Restaurants behalf man sich mit mehreren Kaffeeurnen oder voluminösen Seihkannen. Aber auch mit solchen Geräten vermochte man nicht die zunehmende Zahl von Touristen und Reisenden zu jeder Tageszeit mit heißem Kaffee zu versorgen.

2 - Gasbeheizte Kaffeeurne aus Portugal. Die Ummantelung besteht aus Messing. Der Kaffee befindet sich in einem von Wasser umgebenen Keramikgefäss. Inschrift: LISBOA Naohàmelhor cafe que od a Pernambucana. Aus der Bramah-Sammlung.

3 - Kupferne Kaffeemaschine, bei der das heisse Wasser vom Dampfdruck durch einen Innenzylinder zum Mahlgut hochgepresst wurde und danach wieder zurückfloss. Höhe 60 cm. Auf der Plakette steht, dass die Geräte von der Mecca-Cafékette in England verwendet wurden. Hergestellt etwa um 1910. Aus der Brahmah-Sammlung.

3

2

4

4 - *Zwei Exemplare von zu Beginn unseres Jahrhunderts in Frankreich weit verbreiteten Kaffeemaschinen. Aus der Bramah-Sammlung.*

5 - *Eine französische Reneka-Kaffeemaschine aus den 20er Jahren. Das schwere Gerät wurde an der Wand befestigt und elektrisch beheizt. Der komplizierte Mechanismus besteht aus Gegengewichten, Sperrhähnen und Unterbrechern. Der Kaffee wird in dem Keramikgefäss aufgebrüht, das sich an einem Scharnier herausklappen lässt. Aus der Bramah-Sammlung.*

Aus dem hydrostatischen Perkolator von Loysel aus dem Jahr 1854 hätte man Geräte entwickeln können, die zigtausend Tassen Kaffe pro Stunde geliefert hätten. Die Mechanik war tauglich. Aber Loysel war ein Zivilingenieur, und für die Bedienung seiner Maschinen hätte man einen ausgebildeten Techniker engagieren müssen. Hydraulisch betriebene Geräte arbeiteten zu langsam und umständlich. In den kleineren und größeren Städten Europas verwendete man schließlich in zunehmendem Maße Gas.

Jegliche Form von Gasheizung beanspruchte nicht viel Platz. Man benötigte keine Holz- und Kohleherde und Petroleumlampen mehr. Man mußte nicht länger umständlich ein Feuer entzünden und in Gang halten.

Die Hitze war leicht zu kontrollieren. Mit Gas konnte man auch eine größer dimensionierte stationäre Kaffeemaschine betreiben, die nicht zum Servieren verwendet wurde.

Anfänglich heizte man mit Gas die schon vorhandenen Kaffeemaschinenmodelle. Gas verdrängte den Spiritus-Rechaud oder die vom Herdfeuer beheizten Geräte. Die Annehmlichkeiten der Gasheizung und die kontrollierbare Gasversorgung ermöglichten den Erfindern, sich an die Konstruktion großer

5

automatischer Kaffeemaschinen für den Massenkonsum zu wagen.
Der Dampfdruck ließ sich —das hatten Dampfmaschinen in der

Industrie bewiesen —durchaus beherrschen.

Die Epoche der Massenversorgung ist mit dem Ausbau des Einsenbahnnetzes verflochten. Von 1850 an waren immer mehr Menschen unterwegs und wollten verpflegt und mit heißen Getränken versorgt werden. In der zweiten Hälfte des 19. Jahrhunderts nahm die Zahl der für Cafés konstruierten Geräte zu. Erfinder wie Etzensberger, Malen, Wynne oder Summerling verbesserten bereits gebräuchliche Kaffeemaschinenmodelle. Als die Elektrizität die mit Holz, Kohle oder Holzkohle beheizten Herde zu verdrängen begann, entwickelte man modernere, effizientere Dampfdruckgeräte, die heißes Wasser nach Bedarf lieferten. Wenn heißes Wasser ständig verfügbar war, ließ sich Kaffee in beliebiger Menge zubereiten. Die Großgeräte waren mit mehreren Zapfstellen für heißes Wasser ausgerüstet.

In Europa wie in Amerika wurden die Großgeräte aus Messing oder Kupfer, rostfreiem Stahl oder sonstigem Metall mit Nickelüberzug angefertigt. Statt sie wie bisher in der Küche des Kaffeehauses, Restaurants oder der Imbiß-Bar zu verbergen, stellte man sie — blank poliert, chromblitzend — offen zur Schau. Da sie stets frisch gebrühten Kaffee lieferten, prangten sie zumeist auf der Theke und bildeten einen Teil des Dekors und Interieurs.

6

7

8

6 - Gasbeheizte Urne aus Messing für den englischen Markt. Aus der Zeit um die Jahrhundertwende. Aus der Bramah-Sammlung.

7 - Charles John Jones und William Mudd Still liessen diese Kaffeemaschine 1902 patentieren.

8 - Roma-Kaffeemaschine. Sie sieht zwar leicht und modern aus, aber die Armaturen und sonstigen Teile wurden gegossen und sind deswegen schwer. Aus der Bramah-Sammlung.

9 - Deutsche WMF-Kaffeemaschine von 1927. Der Dampfdruck zwingt das heisse Wasser durch das Mahlgut in dem Austrittsrohr links. Rechts ist ein Austrittsrohr für die durch Dampfzufuhr erhitzte Milch. Mit freundlicher Genehmigung der Firma WMF, Deutschland.

10 - Perkolator mit Milcherwärmer und berächtlichem Fassungsvermögen. Mit freundlicher Genehmigung der Arnold Gould Trading Co. Ltd.

11 - Moderne Filtromat-Kaffeemaschine der deutschen Firma WMF. Sie liefert heisses Wasser, Kaffee und Wasserdampf. Mit freundlicher Genehmigung der Firma WMF.

9

10

11

ELEKTRISCHE KAFFEEMASCHINEN

Die erste elektrische Kaffeemaschine wurde konstruiert, als man sie noch gar nicht hätte gebrauchen können. 1881 versahen Gustav Pfannkuche und Robert Dunston, zwei Ingenieure, die in London an der Verbesserung elektrischer Widerstände arbeiteten, eine Kaffeeurne mit einem Heizelement. Es bestand aus in Gips eingebetteten Drahtspulen mit einer Metallabdeckung. Mit diesem Gerät waren sie ihrer Zeit um gut fünfundzwanzig Jahre voraus.
Erst nach 1900 wurden elektrische Kaffeemaschinen in größerer Anzahl hergestellt. Eine der beiden Schwestern, die in den Vereinigten Staaten die *Silex-Kanne* vertrieben, ließ von einer Elektrofirma für ihr aus hitzefestem Pyrex-Glas hergestelltes Doppelballongerät ein Heizelement konstruieren. Die Firmenbosse waren von der *Silex*-Kaffeemaschine so beeindruckt, daß sie sie in ihr Sortiment aufnahmen. Obwohl sie als Haushaltsgerät gedacht war, wurden Tausende an Hotels und Sandwich-Bars verkauft. Später kamen noch — so der Markenname — *Cona* — und *Cory*-Geräte auf den Markt, die entweder mit einer Elektroplatte oder einem Spiritus-Rechaud ausgestattet waren.

Auch Perkolatoren wurden mit einer elektrischen Heizplatte ausgerüstet. Vornehmlich die Firma Manning-Bowman stellte solche Geräte her.

1

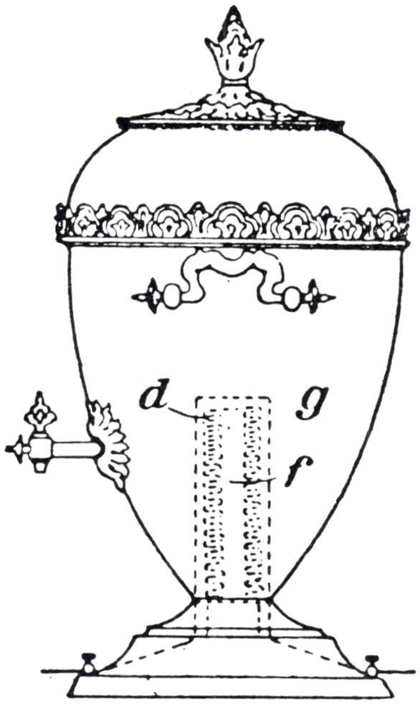

1 - *Pfannkuches und Dustons 1881 eingereichte Patent-zeichnung einer Kaffeeurne mit elektrischem Heizelement. Das war die erste elektrische Kaffeemaschine.*

2

2 - *Die Femoka-Maschine, ein elektrisch beheiztes Dampfdruckgerät, bei der der Dampfdruck das heisse Wasser über zwei Aussenrohre durch das Mahlgut zwingt. Der Extrakt fliesst automatisch in die bereitgestellte Kaffeekanne. Aus der Bramah-Sammlung.*

Doch die entweder mit einem Spiritus-Rechaud ausgestatteten oder mit einer Elektroplatte versehenen Perkolatoren pumpten erst nach zwanzig Minuten heißes Wasser hinauf zum Mahlgut. Die Lösung war eine kleine Abänderung der Konstruktion. 1908 brachte die Firma Landers, Frary & Clark ihren Universal-Perkolator heraus, der eine "Kaltwasserpumpe" besaß. Bei den bisherigen Elektroperkolatoren mußte das gesamte Wasser auf 190° hochgeheizt werden, bis es im Mittelrohr emporzusteigen begann. Das Univeral-Modell besaß unten eine Höhlung, um die das Heizelement angeordnet war. Die Hitze wurde nur auf eine kleine Wassermenge konzentriert, so daß der Pumpvorgang in zwei bis drei Minuten anfing. Die Perkolatoren mit einer Kaltwasserpumpe verdrängten binnen kurzem die bisherigen Kaffeemaschinen.

Gegen die Vorteile des Universal-Modells konnten kritische Einwände — der Kaffeegeschmack würde dadurch nur ruiniert — nicht ankommen. Die kleine Wassermenge wurde gefiltert und kehrte zum Ausgangspunkt zurück, wo sie abermals erhitzt wurde. Dieser Kreislauf führte zu immer stärkerem Kaffee, da ja der Extrakt wiederholt aufgekocht wurde. Doch dem Großteil der amerikanischen Bevölkerung machte das nichts aus, weil man es ja gewohnt

3

4

3 und 4 - Zwei elektrische Perkolatoren, die der amerikanischen Universal-Kaffeemaschine von Manning-Bowman nachgebildet wurden. Mit freundlicher Genehmigung von Frau Ursula Becker, Deutschland.

5

5 - Zwei Dampfdruckkaffeespender für jeweils zwei Tassen der Marke Veritas. In Frankreich hergestellt. Mit freundlicher Genehmigung von Frau Ursula Becker, Deutschland.

6

6 - Deutsche Vakuumkaffeemaschine aus Glas und Metall. Ein Elektroelement erhitzte das Wasser im Basisgefäss, während der Kaffee im Glasbehälter oben aufgebrüht wurde. Sobald sich die Luft im Basisgefäss abkühlte und ein partielles Vakuum entstand, wurde der Kaffee angesaugt. Allerdings kühlte das Elektroelement nur langsam ab. Ähnliche Kaffeemaschinen wurden in den Dreissigern auch in den Vereinigten Staaten hergestellt. Aus der Bramah-Sammlung.

7

7 - Ungarische Kaffeemaschine aus den 30er Jahren. Das heisse Wasser steigt empor und vermengt sich mit dem Mahlgut. Ein Pfeifton zeigt an, dass das Heizelement abgeschaltet werden soll. Der Extrakt wird dann in das untere Gefäss angesaugt. Aus der Ursula Becker- Sammlung, Köln.

8

8 - Links: französische Kaffeemaschine der Marke Paluxette. Mitte: italienische Kaffeemaschine der Marke Simerac. Beide sind Dampfdruckgeräte. Rechts eine Espressomaschine mit Auslösehebel.

war, gemahlenen Kaffee mit Wasser in einem Stieltopf köcheln zu lassen. Leider wurde der Kaltwasser-Pumpperkolator auch in Europa eingeführt. Da Amerika den Ruf hatte, die modernsten Geräte zu entwickeln, hätten die Franzosen ihren heroischen Kampf gegen das Sieden von Kaffee beinahe verloren.

Die elektrischen Pumpperkolatoren waren insbesondere bei den Engländern beliebt, die eine schonende Kaffeezubereitung schon immer als zu mühevoll empfunden hatten und deswegen preiswerten Tee von hoher Qualität vorzogen. Erstaunlich ist aber, daß die besten und teuersten Kaffeesorten, wenngleich in kleiner Menge, in England zu haben waren, wo sie in Nobelgeschäften wie Harrods oder Fortnum & Masons verkauft wurden. Der Kaffee, der einem sonst in England angeboten wurde, war — von den exquisiten Hotels mal abgesehen — zumeist schauderhaft. In der Nachkriegszeit war der von der Firma R. Paterson & Son in Glasgow hergestellte Kaffee-Extrakt, der in Flaschen abgefüllt wurde und den Markennamen *Camp* trug, überaus populär. Und als dann auch noch nach dem Krieg der Pulverkaffee aufkam, akzeptierten ihn die Engländer mit Begeisterung als die endgültige Lösung aller mit der Zubereitung von Kaffee verbundenen Schwierigkeiten.

9

9 - Eine Dampfdruckkaffeemaschine aus Bayern. Der Kaffee wird durch das Austrittsrohr entnommen. Aus der Ursula Becker-Sammlung, Köln.

10 - Elektrische Kaffeemaschine, die im Auto an die Batterie angeschlossen werden kann. Der Kaffeesatz wird durch den verschiebbaren verzinnten Filter zurückgehalten. Aus der Ursula Becker-Sammlung, Köln.

Trotz aller Vorbehalte wurden Pumpperkolatoren auch im übrigen Europa produziert, zumal in Deutschland. Der Einfluß Amerikas war so groß, die Kritik amerikanischer Touristen in Europa so harsch, daß schonend zubereiteter Kaffee kaum noch offeriert wurde. Ein Wandel trat ein, als die italienische Espressomaschine sich allmählich durchsetzte und die Amerikaner die Vorzüge gefilterten und nicht bis zur völligen Aromalosigkeit gesottenen Kaffees zu goutieren begannen.

10

11

12

13

11 - In Berlin hergestellter Elektroperkolator der Marke Moccadur. Das Mittelrohr ist im oberen Teil gelocht, so dass das heisse Wasser auf das Mahlgut fliessen kann. Das Gerät benötigt Filterpapier und ist kein Pumpperkolator. Die gesamte Wassermenge steigt in einem Schub nach oben. Aus der Ursula Becker-Sammlung, Köln.

12 - Ungarische Kaffeemaschine der Marke Eta. Der Dampfdruck presst das heisse Wasser nach oben zum Mahlgut. Der Extrakt fliesst durch das Aussenrohr zurück zum Basisgefäss. Die Restwärme des Heizelementes hält den Kaffee warm. Aus der Ursula Becker-Sammlung, Köln.

13 - Deutsches Dampfdruckgefäss der Make Vulcan mit einem Fassungsvermögen von zwei Tassen. Aus der Ursula Becker-Sammlung, Köln.

DIE ITALIENISCHE ESPRESSO-MASCHINE

Vor der Jahrhundertwende gab es in Italien noch keine industriellen Unternehmen, die Kaffeemaschinen für Haushalte, Restaurants oder Cafés herstellten. Weitverbreitet war dafür die *Napoletana,* ein Gerät, das leicht zu handhaben war. Es bestand aus zwei Gefäßen. Das untere wurde mit Wasser gefüllt, während das obere vorläufig leer blieb. Dazwischen wurde eine Filterkammer mit dem grob gemahlenen Kaffee eingeschraubt. Kochte das Wasser, nahm man die *Napoletana* vom Herd oder Feuer und drehte sie um. Das heiße Wasser tröpfelte durch das Mahlgut und sammelte sich im — nun unteren —Gefäß. Diese Zubereitung ergab einen zwar etwas dünnen, aber aromatischen Kaffee. In täglichem Gebrauch war ferner noch eine *Veneziana* genannte Filter-Kaffeekanne, die gleichfalls aus zwei Gefäßen bestand. Das Mahlgut befand sich dazwischen. Man goss heißes Wasser darüber, worauf sich das untere Gefäß mit dem Extrakt füllte. Diese Zubereitungsart ist heute noch in den nordeuropäischen Ländern populär, wo man einen leichteren Kaffee bevorzugt.

Es gab ein weiteres, wenn auch weniger verbreitetes, aber trotzdem praktisches Gerät, die *Milanese,* die aus nur einem Gefäß bestand. Sie besaß zwei Behälter und eine Tülle wie ein Wasserkessel. Der untere Behälter enthielt das Wasser. Der gemahlene Kaffee befand sich in einer Filterkanne im oberen Teil.

Wenn das Wasser kochte, begann die *Milanese* wie ein Wasserkessel zu pfeifen. Drehte man daraufhin den Stöpsel in der Tülle fest, trieb der Dampfdruck das Wasser durch ein schmales Rohr, worauf es, solange man wollte, das Mahlgut extrahierte. Nahm man die *Milanese* vom Feuer, entstand im unteren Behälter ein partielles Vakuum. Der Extrakt wurde zurückgesaugt, und man konnte den heißen Kaffee servieren.

Eine andere Methode bestand darin, daß man — mit ei mem — kleinen Boiler über einem Spiritus-Rechaud — den Dampfdruck nutzte. Auf das Gefäß wurde ein Trichter mit dem Mahlgut gesetzt. Darüber wurde ein abgedichteter Deckel mit einem Rohr geschraubt. Wenn der Dampfdruck groß genug war, drang das heiße Wasser durch das Mahlgut, und der Extrakt kam aus dem oberen Rohr heraus und konnte entweder in einer Kanne oder gleich in Tassen aufgefangen werden.

In den Restaurants und Cafés verwendete man gleichfalls Geräte, die die oben beschriebene Funktionsweise hatten. Sie waren allerdings etwas größer. Der Kaffee wurde hernach auf dem Herd oder in einem Wasserbad warmgehalten.

1 - Klassische Espressomaschine der Marke La Pavoni, die in den 20er Jahren hergestellt und weltweit vertrieben wurde.

1

2

*2 - Ein Stand auf der Mailänder Handelsmesse von 1906. Die Firma Bezzera war von Pavoni übernommen worden. Aber der Markenname wurde noch etliche Jahre beibehalten. Die Bezeichnung **Caffè espresso** hatte sich inzwischen eingebürgert. Mit freundlicher Genehmigung des Italian Trade Centre, Bicester.*

Um 1901 erhielt Luigi Bezzera, ein Ingenieur, für ein Gertät, mit dem man Espresso-Kaffee herstellen konnte, ein Patent für ganz Italien. Es bestand aus einem hochgezogenen kupfernen Boiler, in dem das Wasser bis auf 2 atü Druck aufgeheizt wurde. Abhängig von der Boilergröße besaß das Gerät 1, 2, 3 oder 4 Abfüllhähne. Jeder war mit einem Filterbehälter versehen, der mit der angemessenen Mahlgutmenge gefüllt wurde.

Drückte man auf den Hebel an einem der Abfüllhähne, wurde durch ein Rohr im Boiler heißes Wasser und Wasserdampf zum Mahlgut geleitet. Nach knapp einer Minute hatte man eine Tasse heißen, wohlduftenden Kaffee.

Das Gerät hatte ferner noch den Vorteil, daß es ständig Wasserdampf erzeugte, den man über weitere Zapfstellen etwa für das Erwärmen oder Warmhalten von Getränken, für die Zubereitung von Tee und anderer heißer Drinks verwenden konnte.

1903 übernahm die Firma "La Pavoni" Bezzeras Patent und begann von 1905 an, serienmäßig Geräte für die Herstellung von *Caffè espresso* zu produzieren. Damit setzte der Siegeszug des Espresso ein, wie man diesen typisch italienischen Kaffee nannte. Die Pavoni-Maschinen wurden in alle Länder exportiert und trugen viel zur Verbreitung des italienischen Lebensstils bei.

Das System mit mehreren Abfüllhähnen hatte — neben vielen Vorteilen — den Nachteil, daß das Gerät sich überhitzte, wenn man eine Tasse Kaffee nach der anderen produzierte. Das Mahlgut litt unter der Hitze, und das Getränk bekam einen bitteren Geschmack. Trotzdem waren die Geräte bis in die vierziger Jahre hinein in Gebrauch.

Doch schon vorher hatte die Entwicklung ganz anderer Geräte begonnen. Die Kaffeemaschinen wurden nicht

4

3

3 - Snider-Modell von 1930 ohne Zentralboiler. Über Zapfhebel an der Basis wurde heisses Wasser in erwünscher Menge zu den Auslassrohren geleitet. Aus der Fumagalli-Sammlung, Mailand.

4 - Ebenfalls in den Dreissigern wurde die Eterna-Kaffeemaschine hergestellt. Hinter der chromglänzenden Ummantelung befindet sich ein grosser Boiler.

5

mehr mit einem hohen, sondern waagrechten Boiler ausgestattet, was die Bedienung erleichterte. Da der Boiler oben flach war, konnte man darauf griffbereit Tassen lagern und zudem im Wasserdampf aus dem Boiler sterilisieren.

In der Zwischenzeit war ein Signor Achille Gaggia, der in Mailand ein Kaffeegeschäft besaß, auch nicht untätig gewesen. Er hatte eine Kaffeemaschine mit Mehrfachabfüllsystem entwickelt, bei der das heiße Wasser mittels eines Kolbens aus dem Boiler angesaugt und zum Mahlgut transportiert wurde. Über einen Hebel und eine Spiralfeder wurde der Kolben betätigt. Damit waren die sogenannten *Hebelmaschinen* erfunden worden.

6

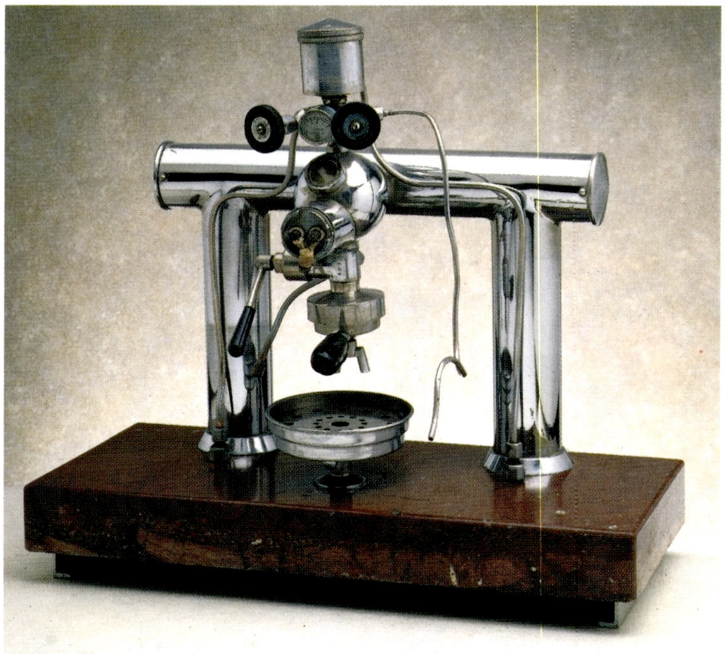

*5 - Ein Plakat von 1922, das für die Victoria Arduino-Kaffeemaschine wirbt. Die Bezeichnung **Caffè espresso** war schon seit zwanzig Jahren gebräuchlich. Als nach dem 2. Weltkrieg Touristen aus England Europa bereisten, lernten sie den Espresso-Kaffee kenne. Für viele war es die erste Bekanntschaft mit "echtem" Kaffee und anderer Lebensart.*

6 - San Marco-Kaffeemaschine, die mit Wasserdampf die Milch erhitzte, heisses Wasser für den Espresso und für sonstige Zwecke lieferte. Damit vollzog sich eine Abkehr von den herkömmlichen Kaffeemaschinen.

7

8

7 - Eine Gaggia-Kaffeemaschine von 1948. Vom Design her unterscheidet sie sich auffällig von den herkömmlichen Messingboilern und erinnert ein wenig an die Musikboxen der damaligen Zeit.

8 - Eine Faema-Espressomaschine von 1950 mit nur einem Bedienungshebel und ähnlichem Design.

Nach Materialprüfungen und etlichen Abänderungen begann die Firma Gaggia ab 1948 ihre Kaffeemaschinen in großer Stückzahl herzustellen. Geräte, die allein mit Wasserdampf und heißem Wasser betrieben wurden, waren damit überholt. Die Kunden brauchten sich nicht mehr so lange zu gedulden, wenn sie in einem Café oder sonstwo einen Kaffee oder Espresso bestellten. Außerdem nützten diese Maschinen das Mahlgut, das zudem viel feinkörniger sein konnte, besser aus. Und da das heiße Wasser mit einem Druck von 10 atü heraussprudelte, hatte das Getränk eine kremige Konsistenz und keinerlei bitteren Geschmack mehr. Nach dem Espresso hatte man in Italien den *crema caffè* kreiert.

Leider war die Handhabung dieses Kaffeemaschinentyps beinahe Schwerarbeit. Für jede Tasse Kaffee mußte man den Hebel nieder- oder hochdrücken. Um die Bedienung zu erleichtern, entwickelte die Firma Cimbali & Co. in den Fünfzigern eine neue Kaffeemaschine mit zwei Kolben. Der obere, größere Hebel drückte mit Hilfe des Wasserdampfdrucks in den Rohren das heiße Wasser durch das Mahlgut, während die hydraulische Abfüllgruppe völlig automatisiert war.

Viele der italienischen Firmen, die in den Zwanzigern entstanden waren und neuartige Kaffeemaschinen produzierten, mußten weichen. Zu den Herstellern, die sich mit ihren

Geräten auf dem Markt durchsetzten, gehörte in den Vierzigern die Firma Faema. Sie erwarb ein Patent für eine revolutionäre Neuentwicklung und brachte in der Folgezeit die legendäre *E 61* heraus, die nach dem sogenannten a *erogazione*-Prinzip funktionierte. Nicht wenige dieser Modelle werden in Italien heute noch verwendet.

Das a *erogazione*-Modell besaß eine kleine Pumpe und einen Boiler, der durch Thermostate auf einer konstanten Temperatur gehalten wurde und an den eine Halterung mit dem Filter und dem Mahlgut angeschlossen war. Setzte man das Gerät in Betrieb, entnahm die Pumpe einem Tank kaltes Wasser und drückte es mit 10 atü in den Boiler, worauf heißes Wasser zum Mahlgut geführt wurde. Das Getränk, das man daraufhin in eine Tasse füllte, unterschied sich kaum von dem, das einem in einem Café oder in einer Espresso-Bar serviert wurde.

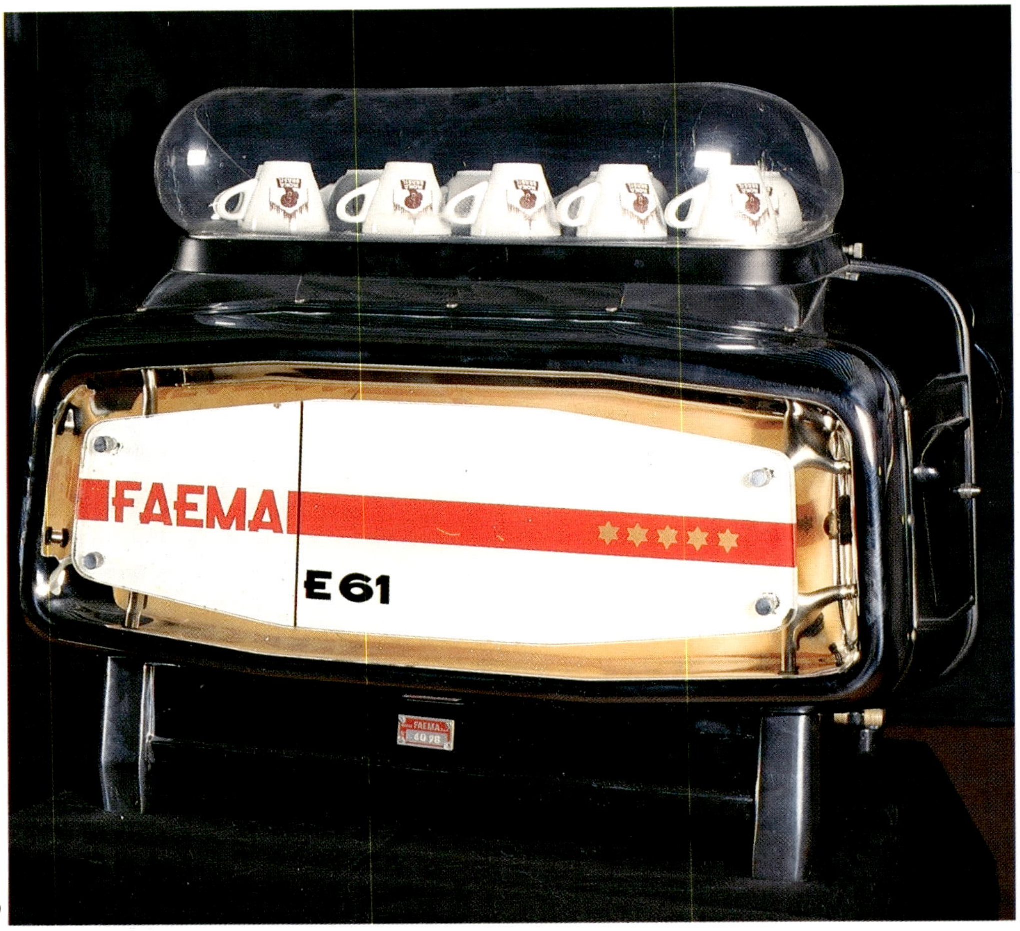

9

10

9 - Eine Faema-Espressomaschine von 1961. Sie hat keinen Zentralboiler mehr, auch keinen Heisswasserbehälter. Das heisse Wasser wird für jede Zapfstelle portionsweise erhitzt. Die Pumpe, die heisses Wasser für eine Tasse liefert, saugt die gleiche Menge kalten Wassers zum Erhitzen an.

10 - Eine Pavoni-Kaffeemaschine von 1956. Bisher waren die Boiler aufrecht stehende Zylinder gewesen. Jetzt wurden sie waagrecht montiert, so dass sich auf ihnen eine Abstellfläche ergab.

11 - La Cimbali, eine elektrische Kaffeemaschine von modernem Zuschnitt.

12 - Eine weitere moderne Kaffeemaschine aus dem Jahr 1980. Markenname Brasilia. In dem rechteckigen Behälter unter den Tassen befindet sich der Boiler. Die Kuppel mit dem Adler ist nur Zierat.

13 - Eine moderne Brasilia-Kaffeemaschine. Man hat zwar die alte, nostalgische Gefühle weckende Form übernommen, aber aufgrund der modernen Methoden der Wassererhitzung hat das Gerät genügend Stauraum für Tassen.

11

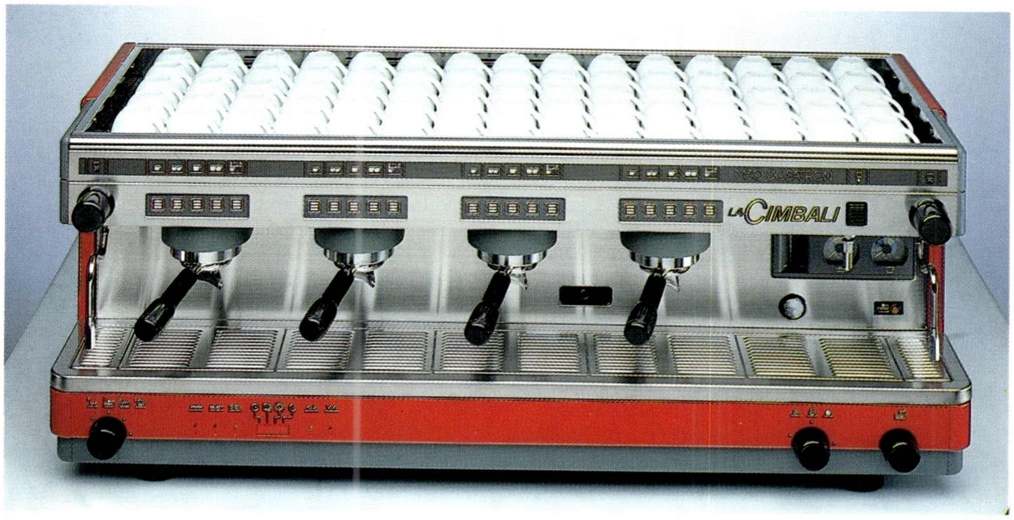

12

13

14

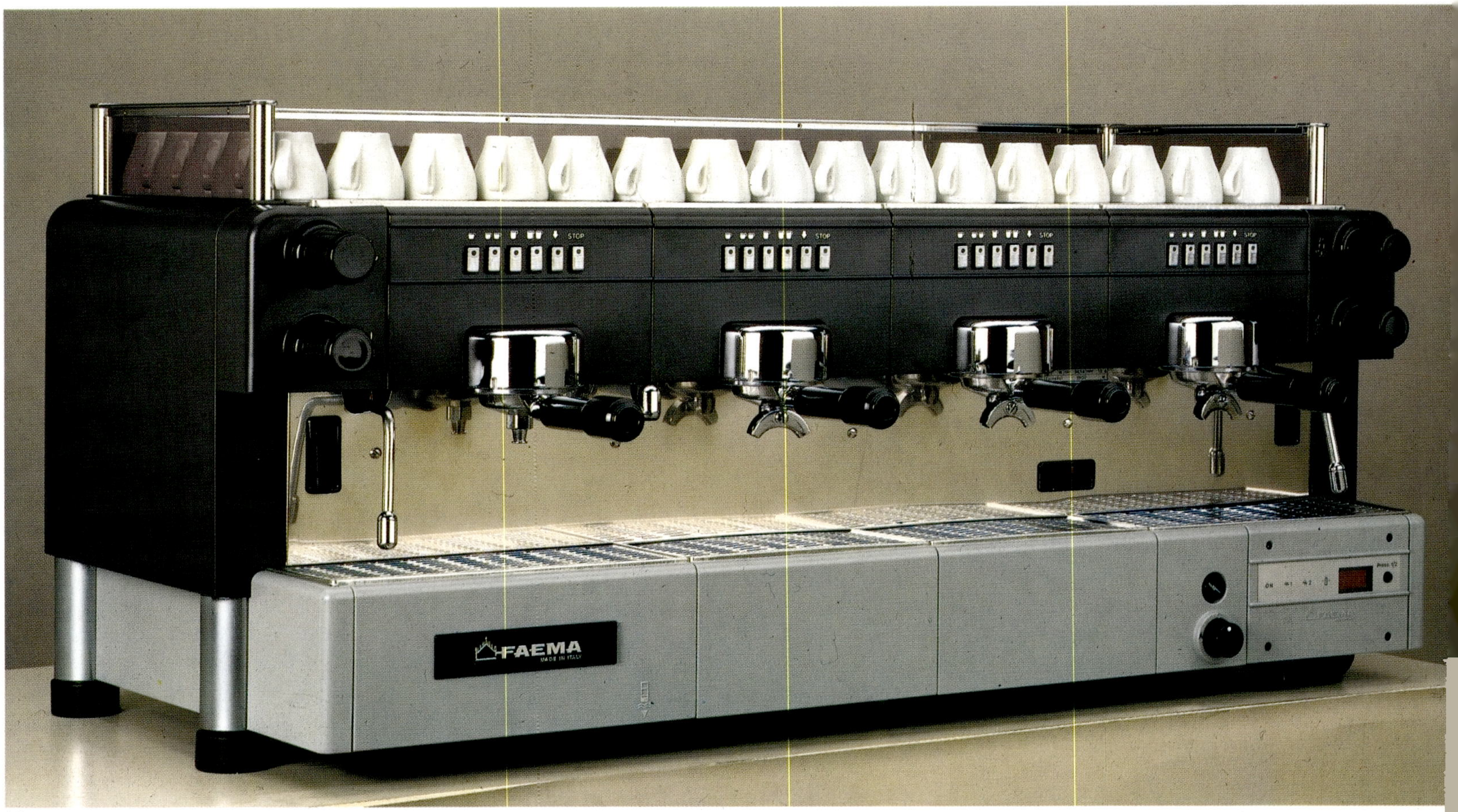

15

17

16

18

14 - Für Nobellokale brachten die Hersteller gekonnt gestylte Kaffeemaschinen aus Edelstahl und anderen Metallen heraus. Die in Mailand produzierte FAEMA besteht aus Messing.

15 - Man verwendete elektronisches Zubehör, um Kaffee von exquisiter Qualität herzustellen. Die FAEMA Tronic ist ein Beispiel für den mittlerweile erreichten technischen Standard. Auffallend ist auch das gelungene Design (Scottssas).

16 - Die Universal, ein elektrisch beheiztes italienisches Dampfdruckgefäss aus der Zeit um 1920. Es lieferte Kaffee für sechs kleine Tassen. Aus der Fumagalli-Sammlung.

17 - Zwei Kaffeemaschinen, die mit Weingeist beheizt wurden. Sie bestehen aus Kupfer und Blech und stammen aus der Zeit um 1920. Die Markennamen sind Cozzante bzw. Aquilas. Aus der Fumagalli-Sammlung.

18 - Zwei elektrische Kaffeemaschinen für den Haushalt: Neo Watt von 1930 und Baby Lutetia von 1920 für jeweils vier Tassen. Sie bestehen aus Messing und vernickelten Einzelteilen. Aus der Fumagalli-Sammlung.

19

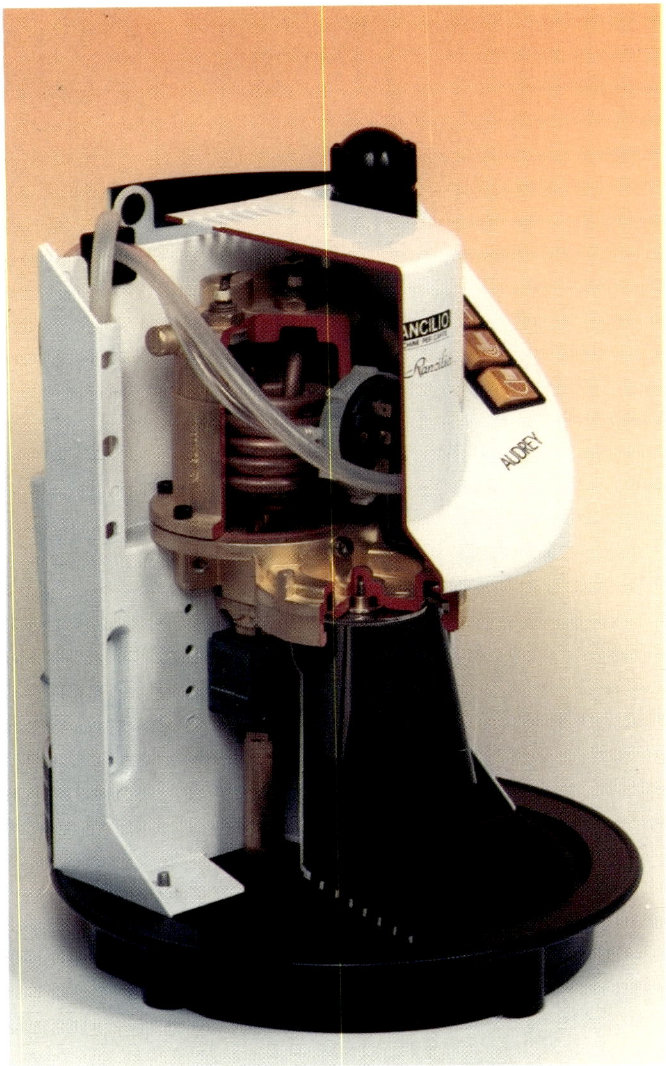

20

Der Italiener ist ein versierter Kaffeekenner. Noch vor fünfzig Jahren kaufte man zumeist grüne Kaffeebohnen, röstete sie nach Belieben zu Hause und bereitete den Kaffee so zu, wie man ihn haben wollte. Das Röstverfahren wie auch die für eine Tasse angemessene Mahlgutmenge unterscheiden sich in Italien von Region zu Region. In Norditalien bricht man das Rösten ab, wenn die Kaffeebohnen eine mittelbraune Tönung annehmen. Man trinkt auch zumeist nur eine Tasse. Im Süden hingegen dauert das Röstverfahren länger.

Die Kaffeebohnen sind schließlich dunkelbraun. Auch die Kaffeemenge in der Tasse ist entsprechend kleiner. In Neapel röstet man die Kaffeebohnen fast schwarz, und was man dann in einem Täßchen serviert bekommt, ist der landesübliche "Tropfen".

19 - Eine der modernsten für den Haushalt entwickelten Espressomaschinen von Pavoni mit Plastikgehäuse und eingebauter Kaffeemühle.

20 - Die Miss Rancilio. Sie ist aufgeschnitten, damit man das Innere sieht. Der Raum, in dem sich bei den bisherigen Kaffeemaschinen der Boiler befand, nehmen nun der moderne Wassererhitzer, der Thermostat und die elektrischen Schaltungen ein.

21 und 22 - Die Cappuccino Super und die Viva il Caffé, die neuesten Espressomaschinen für den Haushalt von Bialetti.

21

22

23

24

25

23 - Die renommierten Firmen stellten formvollendete Geräte für den Haushalt her. Sie mahlten Kaffeebohnen, bewahrten das Aroma und produzierten Tasse für Tasse ein Getränk von hoher Qualität. Die Abbildung zeigt eins der Topmodelle.

24 - Technisch interessant ist diese elegante Kaffeemaschine mit einem Pumpmechanismus, mit der man exquisiten sämigen Cappuccino zubereiten kann.

25 - Bei den Espressomaschinen für den Haushalt spielen Kompaktheit und Form eine entscheidende Rolle. Dieses Modell zeigt beispielhaft, wie die einschlägige Industrie heutzutage den Wünschen der Kunden entgegenkommt.

KOMMERZIELLE FILTERGERÄTE

Eine folgenreiche Entwicklung in der Geschichte des Kaffeehandels war, daß nach dem Krieg in England und den Vereinigten Staaten der Verbrauch von Pulverkaffee enorm zunahm. Das läßt sich zum Teil auch auf die raffinierte Werbung im Fernsehen zurückführen. Eine Zeitlang sah es so aus, als würde der Markt für gemahlenen Kaffee zusammenbrechen. Doch zwei Ereignisse brachten die beiden divergierenden Branchen des Kaffeehandels einander näher. Das eine war die stetige Qualitäts- und Geschmacksverbesserung des Pulverkaffees, das andere die schonende Abpackung von frisch geröstetem und gemahlenem Kaffee in versiegelte, aromadichte Plastikhüllen.
Mit steigendem Wohlstand wuchs die Zahl der Haushalte, in denen man sowohl Pulverkaffee als auch frisch gebrühten Kaffee goutierte. Der Pulverkaffee trug sogar dazu bei, daß der Verbrauch von "echtem" Kaffee kontinuierlich anstieg. Das hing auch mit den verfeinerten Zubereitungsmethoden zusammen.

Die Konsumenten verlangten nicht nur Kaffee von hoher Qualität, den sie sich zu Hause zubereiten konnten, sondern wünschten sich auch die Möglichkeit, den Muntermacher am Arbeitsplatz zu geniessen. In Fabriken und Großraumbüros war der Kaffeeautomat die einzige Alternative zu den Betriebskantinen oder den Servierwagen, mit denen man — vor allem in England — vormittags und nachmittags die Leute mit Kaffee oder Tee versorgte.

Getränkeautomaten kamen in den Fünfzigern in den Vereinigten Staaten auf und setzten sich allmählich auch in Europa durch. Die Qualität der Getränke aus den ersten Automaten war nicht eben beeindruckend. Aber mit der ständigen Verbesserung der Automaten und der Entwicklung dafür besser geeigneter Produkte ließen sich die bisherigen Mißlichkeiten beheben. Nachdem die Anfangsprobleme überwunden waren, stieg die Zahl der Getränkeautomaten unaufhaltsam, da sie einen mittlerweile allenthalben vorhandenen Bedarf stillten.

Als die Amerikaner des Perkolators überdrüssig wurden und nach einer besseren Zubereitungsart Ausschau hielten, bot ihnen die einschlägige Industrie eine Filtermaschine an.
Das verwendete Prinzip hatte sich ja seit Jahrhunderten bewährt. Was die Hersteller dem noch hinzufügen mußten, war die Umsetzung aller bisher gemachten Erfahrungen zu einem Gerät, dessen Handhabung so einfach war wie die einer Waschmaschine. Die Öffentlichkeit hatte sich inzwischen an Haushaltsgeräte

1

1 - Ein frühes Modell einer Bunn-Kaffeemaschine, eines kommerzionellen Filtergeräts aus den 60er Jahren. Die Firma Bunn versorgte als eine der ersten Büros in den Vereinigten Staaten mit Filtergeräten, die bei Bedarf frisch aufgebrühten Kaffee lieferten und mit den sonstigen Kaffeeautomaten konkurrierten.

2 bis 5 - Automatische Filtergeräte, die für Cafés und Büros entwickelt wurden und der englischen Öffentlichkeit von den 60er Jahren an gefilterten Kaffee nahebrachten.

gewöhnt, die problemlos, funktionstüchtig und auch für den technischen Laien bedienungsfreundlich waren.

Dazu war unbedingt notwendig, daß man den Filtervorgang selbst verfeinerte. Vom Infusionsbeutel bis hin zur Seihkanne waren alle Geräte mit einem Seihtuch, Metallsieb oder perforiertem Behälter ausgestattet gewesen, damit sich der Kaffeesatz mit dem Getränk nicht vermengte.

Dennoch schlüpfte immer wieder etwas Kaffeesatz durch. Die einfachste Abhilfe, die wir Melitta Benz, einer praktisch veranlagten Hausfrau verdanken, war das heutzutage nicht mehr wegzudenkende Filterpapier für den einmaligen Gebrauch.

Schon 1782 hatte ein Dr. J.G. Krunitz empfohlen, einen metallenen oder verzinnten Trichter mit Löschpapier auszukleiden, sodann gemahlenen Kaffee einzufüllen und darauf behutsam kochend heißes Wasser zu gießen.

Melitta Benz war, wie bereits gesagt, eine schlichte deutsche Hausfrau, die die Kaffeezubereitung mit allen Mitteln zu verbessern trachtete. Sie versuchte es mit Seihtüchern aus Leinen und mit Löschpapier. Als am zweckdienlichsten erwies sich schließlich reißfestes, aber dennoch poröses Papier. Damit waren im Grunde die modernen Filtertüten erfunden. Um 1912 verkaufte ihr Mann über seine Firma, der er ihr zuliebe den Namen "Melitta" gab, Tausende von Metallkannen mit dem dazugehörigen Filterpapier. Im Verlauf der Zeit wurden die Papierfilter gefaltet, am Rande zusammengepreßt und der unterschiedlichen Form der Filtertrichter angepaßt. Inzwischen haben sich die diversen Kaffeemaschinen und Filtertütenhersteller auf genormte Produkte geeinigt.

Moderne, mit Strom betriebene Filtermaschinen kamen Anfang der Sechziger auf den Markt. Zunächst waren sie ziemlich ungefüge, schwer, groß und für

Kenco
Kencomatic
Still

2

silex

3

BRAVILOR - mondo
electronic
BRAVILOR

4

BRAMAH
INSTRUCTIONS FOR COFFEE MAKING.
BRAMAH
BRAMAH

5

die Herstellung kostenintensiv. Viel experimentelle Entwicklungsarbeit war vonnöten, bis die handlichen modernen Filtergeräte für den Haushalt entstanden.

Das gravierendste Problem bei der Entwicklung von Filterkaffeemaschinen war die Größe. Man brauchte zwei gleichgroße Behälter — einen fürs Wasser, den anderen für den gefilterten Kaffee. Die ersten Filtergeräte erhitzten das Wasser in einem Gefäß und sammelten es als Extrakt in dem anderen. Die Elektrogeräte mit ihrem Gehäuse aus rostfreiem Stahl waren mit einer Glaskanne für den extrahierten Kaffee ausgestattet. Wo man den Boiler samt dem Heizelement am zweckdienlichsten plazieren sollte, wurde experimentell festgestellt.

6

6 - Die simple Mechanik einer modernen automatischen Filterkaffeemaschine mit einem Fliessboiler. Das in den oberen Behälter eingefüllte Wasser fliesst durch ein Silikonrohr in den Boiler, der von einer Heizspirale umringt ist. Hat das Wasser den Siedepunkt erreicht, wird es schubweise durch das Metallrohr zum Mahlgut geleitet, wobei die Temperatur knapp unter dem Siedepunkt liegt. Mit freundlicher Genehmigung der Firma Coffilta Coffee Service Ltd., Southampton.

Die ersten Elektrofilter hatten ein Wasserreservoir. Ein Tauchsieder erhitzte das Wasser und hielt es mittels eines Thermostaten auf der erwünschten Temperatur. Wollte man nun Kaffee zubereiten, mußte man eine bestimmte Menge kalten Wassers eingießen, um einen Teil des erhitzten Wassers über ein Rohr zu verdrängen. Es extrahierte sodann das Mahlgut im Filter und sammelte sich in einem Gefäß. Nachteilig war, daß sich stets eine gewisse Wassermenge in dem Gerät befand. Es war schon abgestanden, wenn man sich morgens frischen Kaffee machen wollte. Um 1968 setzte sich eine bessere Methode durch: Das frisch eingefüllte kalte Wasser wurde durch ein aluminiumverkleidetes Heizelement im oberen Teil des Geräts erhitzt. Das heiße Wasser tropfte durch Löcher im Heizblock auf das Mahlgut. Aber das gleiche Ergebnis ließ sich auch mit anderen Verfahren erzielen. Man konnte etwa die Heizkapazität erhöhen oder die Boilergröße verkleinern. Später wurde der *Fließboiler* entwickelt, der auch in den Haushaltsfiltergeräten verwendet wurde.

Nachdem die Hersteller mit Gehäusen aus rostfreiem Stahl, mit verschiedenen Heizelementen und Thermostaten genügend Erfahrungen gesammelt hatten, wagten sie sich auch an die Entwicklung von Filtergeräten im Plastikgehäuse. Eins der ersten Geräte in den sechziger Jahren war die Kaffeemaschine von Philips. Das sich unten befindliche Heizelement ließ nicht nur das heiße Wasser zum Mahlgut emporsteigen, sondern diente auch als Warmhalteplatte. Viele Hersteller in Europa wie auch in den Vereinigten Staaten übernahmen diese Konstruktion und nutzten die neuentwickelten Kunststoff-und Glassorten.

KAFFEEZUBEREITUNG OHNE TECHNIK

Seit gut hundert Jahren gab es Geräte, mit denen man Kaffee in kleinen Mengen und ohne jeglichen technischen Aufwand zubereiten konnte. Nur die Schwerkraft wurde genutzt. Die meisten besaßen einen wie auch immer geformten Filter und eigneten sich dafür, schnell mal ein, zwei Tassen Kaffee zu produzieren.

Eins der ältesten Geräte ist der metallene trichterförmige Filter mit einem Rand, den man auf die Tasse setzt.
Eine Filtertüte ist nicht vonnöten. Der Filter besitzt feine Löcher oder Schlitze, durch die der Extrakt tröpfelt. Zumeist ist er noch mit einem Deckel ausgestattet. Das Gerät war nicht nur in Europa, sondern auch in den Vereinigten Staaten, wo es unter dem Markennamen *Phylax* oder *Private Estate* angeboten wurde, überaus beliebt.

Diese Metallfilter waren simple Küchengeräte, die nur dann ästhetisch reizvoll waren, wenn sie aus Ton oder Porzellan angefertigt wurden. Um 1910 wurden sie vor allem in Deutschland in großer Zahl produziert. Sie waren zumeist weiß und mit Blumenornamenten verziert. Die modernen Filter lassen sich nicht nur zur Kaffeezubereitung verwenden, sondern gelten auch als Souvenirs.

Die in einem Café verwendeten Filter waren nicht ganz so schlicht. Sie hatten keine trichterförmige Form, sondern

1

2

3

1 - Französischer trichterförmiger Filter mit Zinnplattierung und Scharnierdeckel. Diese einfachen Filter passten in fast alle Kaffeekannen und sind seit über einem Jahrhundert in Gebrauch. In Amerika waren sie unter dem Markennamen Phylax weit verbreitet.

2 - Hübsche trichterförmige Filter aus Porzellan. Etwa um 1910 in Hamburg hergestellt. Mit freundlicher Genehmigung der Firma Melitta.

3 - Die Karlsbader oder Böhmische Kaffeekanne. Der Keramikfilter war mit Schlitzen statt mit Löchern versehen. Mit freundlicher Genehmigung der Firma Melitta.

4

5

4 - Ein silberplattiertes Seihgefäss, das auf eine Tasse gesetzt wurde. Aus der Bramah-Sammlung.

5 - Kaffeekannen mit einem Seihstössel. Das heisse Wasser wird auf den gemahlenen Kaffee gegossen. Danach schiebt man das Sieb mit dem Stössel nach unten, um den Kaffeesatz festzuhalten. Links von der modernen Seihstösselkanne aus Glas eine alte Metallkanne aus Italien, rechts von ihr eine gleichfalls alte metallene Kanne aus Frankreich. Aus der Bramah-Sammlung.

6 - Ein Dampfdruckgefäss aus den 50er Jahren. Das heisse Wasser in dem oberen Behälter wird durch das Niederdrücken der beiden Hebel — die an einen Korkenzieher erinnern —durch das Mahlgut gepresst.

waren Kännchen mit einem Bodensieb und einem Deckel, auf den man das Filterkännchen setzte, wenn das Wasser durchgelaufen war.

Vor nicht allzu langer Zeit waren diese Geräte in allen europäischen Cafés gebräuchlich. Viele Engländer,
die Europa bereisten, werden sich erinnern, wie sie in einem europäischen Kaffeehaus vor einer Tasse samt dem oben sitzenden Filterkännchen mit heißem Wasser saßen und geduldig warteten. Das Wasser tröpfelte so langsam durch das Mahlgut, daß das Getränk nur noch lauwarm war und sich die Zuckerwürfel nur zögernd auflösten. Die metallenen Filtertrichter oder Filterkännchen konnten sich in England nicht durchsetzen. Die modernen Geräte sind aus Plastik und halten die Wärme besser.

Sobald Filtertüten aus Papier allgemein gebräuchlich wurden, entwickelte man Kaffeekannen aus leichtem, aber bruchfestem Glas oder Kunststoff samt dem zugehörigen Filtertrichter. Die Stärke des Extrakts bestimmt man selbst.

Ein weiteres Gerät, das kein eigenes Heizelement besitzt, ist die Siebkanne. Sie war in ganz Europa, aber vor allem in Deutschland — da unter dem Markennamen *Melia*-Kanne —, überaus populär. Man goß heisses Wasser auf das Mahlgut in der Kanne und schob dann ein

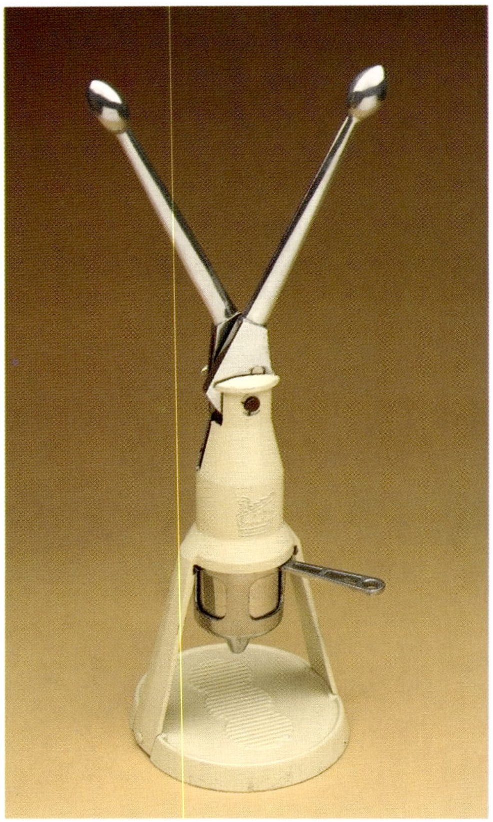

6

7

7 - Links eine moderne Kunststoffversion der herkömmlichen französischen Seihkanne. Rechts eine Kaffeemaschine mit einer Kunststoffhalterung und einem Filtertrichter. Er ist verschiebbar, so dass man darunter eine Tasse oder eine Kanne stellen kann. Der Trichter ist mit einem "Gold"-Filter versehen.

8 und 9 - Typische Karlsbader Kanne aus der Karlsbader Manufaktur. Der Wasserverteiler wird auf das Seihgefäss mit dem Mahlgut gesetzt.

10 - Moderne Melitta-Kanne mit einem Kunststoffilter. Das Filterpapier hält den Kaffeesatz vollständig zurück. Die modernen Plastikkannen halten die Wärme besser als Modelle aus Glas. Allerdings darf die Heizplatte nicht zu heiss werden.

8

9

11 - Teekanne aus den 50er Jahren. Sie lässt sich mit einem dazugehörigen Metallbehälter und einem Filter in eine Kaffeeseihkanne umfunktionieren.

12 - Hotpor-Kanne der Firma Coffilta. Heisses Wasser wird auf Mahlgut im Filterbehälter gegossen. Die Elektroplatte hält den Kaffee warm.

10

11

12

13

13 - Moderner Kunststoffilter für eine Tasse. Das Mahlgut befindet sich zwischen zwei Filterpapieren. Solche Geräte sind preiswert, praktisch, haben aber dennoch ein überzeugendes Design. Sie werden aufeinandergestapelt in versiegelter Plastikfolie verkauft. Sie speichern die Wärme gut und machen die Kaffeezubereitung völlig unproblematisch. Mit freundlicher Genehmigung von SAS Ltd. Beerse Belgien.

genau passendes Sieb mit einem Griff bis zum Kannenboden, wo es den Kaffeesatz festhielt, so daß der Extrakt ausgeschenkt werden konnte. Die klassische *Melia*-Kanne bestand aus Porzellan und speicherte die Wärme gut. Aber es gab sie auch aus Metall und Glas und später aus Kunststoff. Es war ein Gerät, das nie aus der Mode kam und heute noch — leicht abgeändert und dem Zeitgeschmack angepaßt — häufig anzutreffen ist.

MODERNE KAFFEEMASCHINEN

Als man statt Gas den elektrischen Strom zum Betreiben von Maschinen verwendete, wurden zum Putzen, Staubsaugen, Waschen und Kochen geeignete Geräte hergestellt. Der Übergang war fließend. Bis zum 2. Weltkrieg konnten sich Elektrogeräte nur wohlsituierte Leute leisten.

Während Waschmaschinen-und Staubsaugerproduzenten den wachsenden Markt mit immer besseren Geräten versorgten, beließen es die Kaffeemaschinenhersteller dabei, der bislang bewährten Zubereitungsmethode ein elektrisches Heizelement hinzuzufügen. Das war durchaus verständlich. Seit gut hundert Jahren tüftelte man schon an dem zweckdienlichsten Arrangement von Perkolator und Filter. Geräte, die den Test der Zeit bestanden hatten, waren nun mal leicht absetzbar.

Insbesondere der einfache Perkolator und die Dampfdruckkanne ließen sich gut umrüsten. Durch die Elektrifizierung wurden sie sogar noch bedienungsfreundlicher, da man nicht länger auf Herde und offenes Feuer angewiesen war und die modernen Thermostaten es ermöglichten, daß man das Gerät unbesorgt sich selbst überlassen konnte. Das leidige Problem, mit welcher Vorrichtung sich denn die Heizquelle selbsttätig ausschalten ließe — vor allem mit einem Spritus-Rechaud beheizte Kaffeemaschinen waren davon betroffen gewesen —, war endlich gelöst. Der einfache, nur für einen ununterbrochenen Durchlauf konstruierte Perkolator verschwand für eine Weile vom Markt. Der sachter funktionierende Pumpperkolator avancierte zur beliebtesten elektrischen Kaffeemaschine, die zudem noch der Nimbus eines in den Vereinigten Staaten entwickelten Geräts umgab. Wenn man von seinem systemimmanenten Nachteil — der Extrakt wurde zu sehr erhitzt — absah, hatte der Pumpperkolator den überzeugenden Vorteil, daß man ihn bedenkenlos zwanzig Minuten oder gar eine halbe Stunde seine — zuweilen allzu gründliche — Arbeit verrichten lassen konnte, ohne befürchten zu müssen, dass das Heizelement sich überhitzte oder sämtliche Sicherungen im Haus durchbrannten.

Das Dampfdruckgerät, das Rabaut 1822 in London und Caseneuve 1824 in Paris eingeführt hatten, wurde zu einer modernen elektrischen Kaffeemaschine umfunktioniert. Das Steigrohr und die Mahlgutkammer befanden sich nun in einem vernickelten oder aus rostfreiem Stahl bestehenden Gehäuse. Das Ausschenkrohr bestand gleichfalls aus Metall. Die Geräte waren auch in der

1

2

3

Handhabung sicherer. Man mußte nichts von Physik oder der Funktionsweise einer Dampfmaschine verstehen, wenn man das Gerät mit kaltem Wasser füllte und einen Schalter betätigte. Vor allem in den dreißiger Jahren waren Dampfdruckgeräte überaus beliebt. Hergestellt werden sie heute noch.

Von 1946 an, also nach dem 2. Weltkrieg, mußte in Europa vieles neu aufgebaut und modernisiert werden. Mit der Modernisierung setzten sich auch neue Ideen durch. Durch die amerikanischen Truppen lernten viele Europäer Kaffee auf amerikanische Art kennen. Umgekehrt gewannen auch die Amerikaner dem Kaffee in Europa Geschmack ab. Die Industrie verwendete neue Materialien und Herstellungsverfahren. Nach zehn Jahren hatte sich vieles gewandelt. Ein neuer Schlag von Touristen erkundete fremde Länder und lernte eine andere Lebensweise kennen.

4

5

1 - Die mittlerweile klassische Cona-Kaffeemaschine. Mit freundlicher Genehmigung der Firma Cona.

2 - Eine italienische elektrisch beheizte Dampfdruckkaffeemaschine, die in Europa weit verbreitet war. Aus der Ursula Becker-Sammlung, Köln.

3 - Eine italienische Dampfdruckkaffeemaschine aus dem Jahr 1946. Von der Mailänder Firma Robbiati unter dem Markennamen Atomic patentiert. Wurde auch von der Londoner Firma A & M.G. Sassoon vertrieben.

4 - Die italienische Utentra, eine elektrisch betriebene Dampfdruckkaffeemaschine aus den 50er Jahren. Aus der Bramah-Sammlung.

5 - Der Aremator, ein um 1950 in Deutschland hergestellter Keramikperkolator. Nur das Heizelement bestand aus Metall. Der Mahlgutbehälter besass Schlitze. Markierungen am Perkolatorrohr ziegten die Anzahl der Tassen an. Aus der Ursula Becker-Sammlung, Köln.

6

7

8

9

6 - Die französische Supermoka. Der Kaffee floss automatisch in die bereitgestellte Kanne. Aus der Bramah-Sammlung.

7 - Perkolator mit Milcherwärmer, der seit zwanzig Jahren hergestellt wird. Kaffeemaschinen dieser Art liefern 10 bis 40 Tassen Kaffee. Mit freundlicher Genehmigung der Arnold Gould Trading Company.

8 - Eine Moulinex-Filterkaffeemaschine. Mit freundlicher Genehmigung der Firma Moulinex.

9 - Keramikperkolator von Russell Hobbs in den 60er Jahren. Mit freundlicher Genehmigung der Firma Russell Hobbs.

10 - Moderne Nachbildung einer Espressomaschine für eine Café-Bar, wie es sie — mit abgerundeten Formen, Rohren, Ventilen und viel Chrom — in den 50er Jahren gab. Ein von Mike Stallion hergestellter Prototyp. Einzelteile stammen von der Firma Rowenta. Sie liefert einen nostalgieträchtigen Kontrast zu den neuesten Plastikmodellen.

10

Nach einer Periode der wirtschaftlichen Vorrangstellung der Vereinigten Staaten rückten die Kaffeetrinker in Europa immer mehr vom Pumpperkolator samt dem in ihm zubereiteten Getränk ab. Die neuen italienischen Espressomaschinen verdrängten die bisherigen Kaffeezubereitungsgeräte und veränderten Dekor, Interieur und Ambiente der Cafés, auch in England. Selbst die Amerikaner ließen sich zum Genuß von Kaffee, der nicht aufgekocht wurde, bekehren. Allenthalben wurde gemäkelt, daß selbst die modernen elektrischen Kaffeemaschinen, mochten sie auch vor Chrom und Nickel funkeln und bedienungssicher sein, den beliebten Muntermacher bei der Zubereitung malträtierten.

Pumpperkolatoren, das wurde schon gesagt, erhitzten den Extrakt übermäßig und ruinierten so das Aroma. Die modernen Dampfdruckgeräte kochten den Kaffee zwar nicht, aber der Dampfdruck erhöhte die Temperatur des heißen Wassers, so daß das Mahlgut bei der Extraktion durch den Dampfdruck weichgesotten wurde. Dampfdruckgeräte mit einem Auslaufrohr sind heute noch in Gebrauch, weil sie, was manche Leute bevorzugen, einen kräftigen Extrakt liefern.

Eins der typischen Geräte der Nachkriegszeit war die kleine, *Atomic* genannte Kaffeemaschine aus Italien. Sie bestand aus einem Aluminiumdampfdruckgefäß mit hochgezogenem Wasseraustrittsrohr. Dazwischen paßte der Auffangbehälter.
Das Gerät hatte alle Vorteile einer modernen Espresso-Maschine. Es wurde auf dem Gasherd oder einer Elektroplatte erhitzt, war damals sehr beliebt und hat heute noch viele Fans.

Die Espresso-Maschinen der Firma Gaggia, für Café-Bars gedacht, inspirierten Konstrukteure zur Entwicklung eines kleineren Modells. Das Wasser wurde mit Hilfe einer Elektroplatte und eines von einer Spiralfeder ausgelösten

11

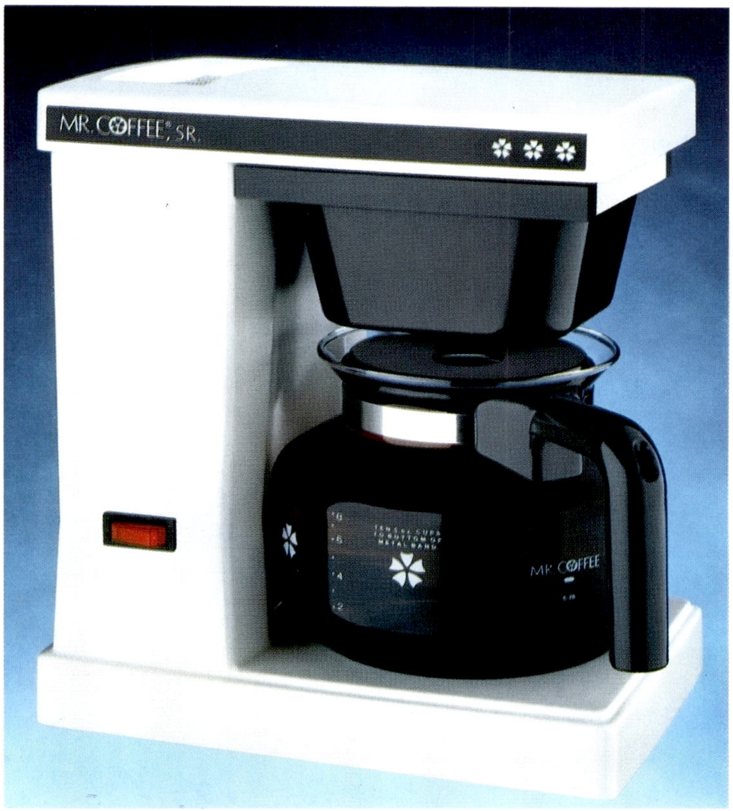

12

11 - Eine Filtermaschine von Russell Hobbs. Mit freundlicher Genehmigung der Firma Russell Hobbs.

12 - Die Mr. Coffee, eine automatische Kaffeemaschine, die 1972 in den Vereinigten Staaten auf den Markt kam und zum Verkaufsschlager wurde. Auch 1989 ist sie noch die meistverkaufte Kaffeemaschine für den Haushalt. Mit freundlicher Genehmigung der Firma Mr. Coffee Inc., Ohio.

Kolbens durch das Mahlgut gedrückt. Kaffeeliebhaber hatten nun das, was sie sich immer gewünscht hatten: Sie konnten sich Kaffee in kleiner Menge —ein, zwei Tassen — frisch zubereiten und die Stärke nach Belieben bestimmen.

Doch die für den Privathaushalt konstruierten kleinen Espresso-Maschinen hatten auch so ihre Schattenseiten. Nach jeder Tasse Kaffee mußte man das extrahierte Mahlgut aus dem Filterbehälter entfernen. Mit diesen Geräten ließen sich nur kleine Mengen zubereiten. Außerdem zog man in Deutschland und in den Ländern Nordeuropas einen weniger starken und nicht so lang gerösteten Kaffee vor.

Dieser Vorliebe kamen die Cona-Kaffeemaschinen mit ihren hitzefesten Glaskannen entgegen. Im Grunde waren es die französischen Cafetièren von vor hundert Jahren, nur daß sie nun eine Elektroplatte besaßen. Glaskannen waren nun einmal praktisch, ließen sich ohne weiteres ersetzen, wirkten zeitlos und hatten ihre Fans, zumal man jetzt, nachdem es Elektroplatten gab, nicht zwanzig Minuten oder noch länger warten mußte, bis das Mahlgut endlich extrahiert war.

Den amerikanischen Markt beherrschte für eine Weile *Mr. Coffee,* ein amerikanisches Produkt, das 1972 von der Firma North American Systems

13

13 - Die Moka Express der Firma Bialetti. Die in der Nachkriegszeit entwickelte Kaffeemaschine besticht heute noch durch ihre revolutionäre Konstruktion, die sie in Italien zum beliebten Haushaltsgerät machte. Die Firma Bialetti hat mittlerweile 100 Millionen Kaffeemaschinen absetzen könne.

herausgebracht worden war. Vernickeltes Blech, Aluminium und rostfreien Stahl hatte man als unzeitgemäß aufgegeben. Handliche kremfarbene Plastikgehäuse und hitzefeste Glaskannen, die mit weißen Blumen ornamentiert waren, fanden das Gefallen der Käufer.

Narrensichere Mixer und automatisierte Öfen hatten die Konsumenten dermaßen verwöhnt, dass sie von Kaffeemaschinen und den

14

15

14 - Die TOP/ die neueste, aus Aluminium bestehende Kaffeemaschine von Bialetti. Das Gerät besticht nicht nur durch seine technische Qualität, sondern auch durch seine ästhetisch überzeugende funktionale Form. Die Oberfläche des Boilers ist so beschaffen, dass Hitzeschäden ausgeschlossen sind.

15 - Das Black Star-Modell von Bialetti aus rostfreiem Stahl. Das moderne Design und die Palladiumummantelung verleihen dem Gerät den Reiz eines Sammlerstücks.

neuen Filtergeräten die gleichen Eigenschaften erwarteten.

Die *Mr. Coffee* hatte ein Heizelement über dem Boiler, von dem aus kochend heißes Wasser in den Filtertrichter — eine Papierfiltertüte enthielt das Mahlgut — floß und von da in die Glaskanne auf der Warmhalteplatte. Bei den europäischen Filtergeräten war das Heizelement auf der Rückseite untergebracht. Das Wasser wurde in einem Fließboiler erhitzt und gelangte über ein Steigrohr zum Mahlgut. Die Plastikgehäuse wurden in verschiedenen

16

16 - Die Filtermill der japanischen Firma Toshiba. Sie beweist, dass Kaffee als Getränk sich zunehmender Beliebtheit auch in den Ländern erfreut, wo bisher Tee obenan stand. Das Gerät ist mit einer eingebauten Kaffeemühle versehen, so dass Aromaverluste bis auf ein Minimum reduziert sind.

Farben hergestellt. Im Lauf der Zeit modernisierte man immer wieder die elektrische Ausrüstung, die Filtertrichterform, die Warmhalteplatte und auch die Glaskannen. Der Mechanismus war schließlich so ausgeklügelt, daß die Bedienung kinderleicht war. Wer den Schalter betätigte, konnte damit rechnen, daß das Gerät von sich aus exzellenten Kaffee zubereitete.

BIBLIOGRAPHIE

William H. Ukers, M.A., All About Coffee (The Tea & Coffee Trade Journal, New York, 1922)

Aytoun Ellis, The Penny Universities. A History of the Coffee Houses (Secker & Warburg, London, 1956)

A.E. Haarer, Modern Coffee Production (Leonard Hill (Books) Ltd., London, 1958)

Frederick Bradbury, History of Old Sheffield Plate (J.W. Northend Ltd., Sheffield, 1968)

Edward Robinson, The Early English Coffee House (The Dolphin Press, Christchurch, Hants., 1972)

Egon Viebahn, Bergisches Zinn (Dr. Wolfgang Schwarze Verlag, 1972)

Henry Sandon, Coffee Pots and Teapots For the Collector (John Bartholomew & Son Ltd., Edinburgh, 1973)

Jeol, David & Karl Schapira, The Book of Coffee & Tea (St. James Press, London, 1975)

Kenneth Davids, The Coffee Book (Whittet Books Ltd., Weybridge, Surrey, 1976)

Claudia Roden, Coffee (Faber & Faber, Middlesex, England, 1977)

Harry Rolnick, The Complete Book of Coffee (Melitta, 1982)

Kenneth Anderson, Coffees & Teas (Frederick Muller Ltd., London, 1982)

Bernhard Rothfos, Coffee Curiosa (Gordian-Max Rieck GmbH., Hamburg, 1986)

Philipps Jobin, Bernard Van Leckwyck, Le Café (Nathan, Paris, France, 1988)